Für Maxi und Clara

Inhalt

Ein Wochenende in Paris

Juli 2019

Von draußen fällt das warme, bernsteinfarbene Sommerlicht durch die offenen alten Holzfenster, die vom Boden bis zur Decke des Hotelzimmers ragen. Ein leichter Wind wölbt die Gardinen sanft in den Raum hinein vor. Von dem zwischen den Pariser Häuserzeilen versteckten Platz, der unterhalb unseres Zimmers liegt, sind ab und zu Stimmen vorbeiflanierender Paare zu hören, die sich leise unterhalten. Ein paar Minuten zuvor haben Clara und ich noch dort unten gestanden und die bunte Fassade der kleinen Oper bestaunt, die neben unserem Hotel liegt. Ein Pärchen fragte uns, ob wir ein Foto von ihnen machen könnten. Es ist ein Bilderbuchabend in Paris.

Nun sitzen wir an dem winzigen runden Tisch in unserem Hotelzimmer und sind unschlüssig, ob wir die Lampen am Bett und auf dem antiken Sekretär anmachen sollen, da dann das für Frankreich so typische Licht von draußen verschwinden würde. Dieses besondere Straßenlicht, an dem man immer erkennt, dass man in einem anderen Land ist, sei es bei einer nächtlichen Autofahrt, im Nachtzug oder eben im Hotel, wo es sich in den Gardinen, mit denen der Wind spielt, abzeichnet.

Clara ist im vierten Monat schwanger und wir sind nach Paris gekommen, um noch einmal innezuhalten, bevor das Abenteuer Familie ins nächste Kapitel geht. So ein Tag ohne Verabredungen und Termine ist für mich der größte Luxus. Nichts machen, bloß treiben lassen.

Einfach nur genießen fällt mir allerdings nicht besonders leicht. Ich denke dann oft, das stünde mir nicht zu. Clara dagegen ist ein tiefenentspannter Mensch. Das liebe ich an ihr, sie nimmt das Leben, wie es ist, und macht immer das Beste daraus. Selbst wenn ich denke, dass es doch schon das Beste ist, macht sie es noch ein bisschen mehr besonders. Das ist ihre große Stärke. Genuss wird bei ihr großgeschrieben.
Das Erstaunlichste aber ist, dass ich ein unerschütterliches Vertrauen zu ihr habe. Ihr scheint es genauso zu gehen. Irgendwie sind wir, egal was passiert, füreinander da. In unserer Beziehung läuft alles rund. Es fühlt sich an wie beim Flippern, wenn ich als Teenager die Kugel hinter der Glasscheibe im Automaten immer wieder hochschoss, sie perfekt übers Spielfeld rollte und klingelnd ihre Punkte machte. Wäre ich nicht schon mit dieser Frau zusammen, ich würde alles tun, um sie für mich zu gewinnen.
Wir haben also beschlossen, uns während des Wochenendes in Paris einfach nur treiben zu lassen. Morgens kauften wir uns ein paar englischsprachige Zeitungen an einem kleinen Kiosk neben dem Louvre, in dem ein älterer Mann mit einer unvergleichlichen Ruhe saß, während in dem kleinen Radio neben ihm Jazz spielte. Danach gingen wir zu einem kleinen Bistro, das Clara von ihren früheren Parisaufenthalten kennt, um dort in aller Ruhe zu frühstücken. Wir setzten uns an einen der vielen kleinen Tische, die sich auf dem Bürgersteig reihen, blätterten ein wenig in den Zeitungen und schauten den Passanten und dem Treiben auf der Straße zu. Wie sehr ich diese Momente mit Clara genieße, ohne Worte können wir die Welt auf uns wirken lassen. Meine Gedanken fangen an, freier zu werden und sich von all den Dingen, die mir sonst im Alltag auch mal Kopfzerbrechen bescheren, zu lösen.

»Wie die kleine Maus wohl aussehen wird?«, sagte Clara. Ich blickte zu ihr rüber. Auf ihrem Teller waren nur noch ein paar Krümel von dem köstlichen Croissant übrig. In der einen Hand hielt sie ihre große Schale Café au Lait, die andere lag ruhig auf ihrem noch kaum sichtbaren Babybauch. Die Vorfreude auf unseren Nachwuchs strahlte mir aus ihrem Gesicht entgegen. Ein entzückender Anblick. Ich bin genauso euphorisch wie Clara, ein Kind zu bekommen. Aber eben auch ein skeptischer Mediziner, der sich ungern zu früh freut. Am liebsten würde ich erst im 8. Monat Familie und Freunden von der Schwangerschaft erzählen, während Clara sich kaum bändigen kann, die gute Nachricht nicht zu früh zu teilen.

»Hoffentlich kommt sie nach der Mutter …«, antwortete ich. »Aber bevor es so weit ist, habe ich noch eine Überraschung für dich.«

Ich hatte mir vorgenommen, die Reise nach Paris mit der Suche nach einem Verlobungsring zu verbinden. Zu Hause in Hamburg war das nicht möglich. Clara und ich finden zwar immer schöne Momente zusammen, aber meist erst abends. Außerdem wollte ich einen entsprechend schönen Rahmen schaffen, den wir genießen konnten, räumlich und zeitlich.

»Du hast ja immer genaue Vorstellungen davon, was dir gefällt und was nicht. Und bei einer Sache will ich nun wirklich nicht danebenliegen. Jetzt sind wir in der Stadt der Liebe«, ich betonte Liebe etwas übertrieben albern, »das ist doch der perfekte Ort, um nach einem Verlobungsring Ausschau zu halten.«

Clara griff nach meiner Hand, drückte sie fest und nickte. Wir winkten dem Kellner, um zu zahlen. Dann machten wir uns mit leichten Schritten in Richtung Geschäfts-

straßen auf. Die Schaufenster in den wunderschönen Altbauten und Arkaden erschlugen uns fast mit all den prunkvollen Schmuckstücken. Wir gingen in einige Juwelierläden, duckten uns vorbei an breit gebauten Türstehern, von denen ich den Eindruck hatte, dass sie uns fast ein wenig widerwillig in die Geschäfte ließen, und wurden von eleganten, wohlduftenden Verkäuferinnen beraten. Doch so richtig fündig wurden wir nicht.
Claras Kommentar war entweder »Der ist doch viel zu teuer!« oder »Ich glaube, das bin ich nicht!«. Nach einer Weile hielten wir auf dem Gehweg zwischen Luxusboutiquen und Hotels an und überlegten, was wir jetzt machen wollten, als ich eher beiläufig in das Schaufenster schaute, vor dem wir stehen geblieben waren. Es gehörte zu einem der ältesten Juweliere Frankreichs und irgendwie machte sich in mir ein Gefühl breit, dass wir richtig waren.
Wir klingelten und wurden durch die alte Holztür mit eingefasstem Kristallglas eingelassen.
»Die sind alle wunderschön, ich kann gar nicht sagen, welcher mir am besten gefällt«, sagte Clara, nachdem uns die Verkäuferin eine Auswahl an Ringen gezeigt hatte. »Ich weiß nicht, vielleicht habe ich für heute genug Ringe angeschaut.«
»Wir müssen heute ja keinen kaufen«, sagte ich. Denn insgeheim formte sich in mir ein Plan. Ich wusste, mit welchem Ring ich Clara überraschen konnte, und würde noch einmal allein wiederkommen, um ihn zu kaufen.
In wohligem einvernehmlichem Schweigen verließen wir den Laden und schlenderten weiter durch Paris. Am Nachmittag kauften wir uns in den Galeries Lafayette alles, was wir für ein nächtliches Picknick im Hotelzimmer brauchten. Das ist uns lieber, als schick essen zu gehen. Allerdings

mussten wir uns ein wenig bremsen, da es in Hotelzimmern ja typischerweise nur einen kleinen Kühlschrank gibt. Als wir zurückkamen, räumten wir die Fläschchen der Minibar in den Kleiderschrank und füllten »unseren Kühlschrank« mit Wein, französischem Käse, Aufschnitt, Butter und kleinen Gürkchen auf.
Jetzt erstrecken sich alle Köstlichkeiten auf dem Tisch in unserem Hotelzimmer: ein Glas Wein für mich und Wasser für Clara, Käse und Schinken verschiedenster Art auf dem Wachspapier, in das sie eingepackt gewesen waren, daneben das bereits angebrochene Baguette. Das Gurkengläschen findet kaum noch Platz auf der kleinen gedeckten Tafel.
Der Anblick des Käses bringt uns beide zum Schmunzeln, da er erst nach einer längeren Diskussion an der Theke in unseren Einkaufskorb fand. Scheinbar sehen die Franzosen es mit dem Rohmilchkäse in der Schwangerschaft weniger eng als wir Deutschen. Da ich nun mal gar kein Französisch spreche, versuchte Clara der Verkäuferin klarzumachen, dass es für uns schon wichtig wäre, ob der Käse nun pasteurisiert sei oder nicht. Die Dame lächelte uns an, aber ihr Gesichtsausdruck verriet, dass sie beim besten Willen nicht verstand, was wir von ihr wollten. Erst als eine jüngere Kollegin zu Hilfe kam und ihr unser Anliegen erklärte, verstand sie und lachte auf. Dann verdrehte sie charmant die Augen, machte mit der Hand eine wegwischende Bewegung und übergab an die jüngere Kollegin. Diese sagte uns auf Englisch: »Na ja, die älteren Franzosen halten davon nicht so viel, da wurde in der Schwangerschaft zum Mittagessen auch mal ein Glas Wein getrunken.«
Dass es ohne Französischkenntnisse mit der Kommunikation selbst in einer weltgewandten Stadt wie Paris nicht

so ganz leicht werden würde, hatte ich schon direkt bei unserer Ankunft im Hotel feststellen dürfen. Da Clara eine ausgesprochene Liebe zu Blumen, aber auch einen ausgewählten Geschmack hat, wollte ich sie mit einem Strauß überraschen. Ich mailte und telefonierte mit dem Hotel hin und her. Das war aber gar nicht so leicht, denn meine floristischen Kenntnisse sind etwa ähnlich gut wie mein Französisch. Nachdem der Ideenaustausch mit dem Concierge nirgendwo hingeführt hatte, schrieb ich »alles außer Rosen« in meine letzte Mail. Clara ist kein besonderer Fan von Rosen und ich bin nicht der Typ, der so ein Wochenende in der Stadt der Liebe mit den Blumen der Liebe überkitscht. »Magnifique« lautete die prompte Antwort des Concierge, man werde sich darum kümmern.
Als wir bei der Ankunft unser Zimmer betraten, leuchtete uns ein großer, wundervoller Strauß aus – ich musste zwei Mal hinsehen – Rosen entgegen. Clara reagierte mit ihrem herzergreifenden Lachen, während mir ein wenig die Luft wegblieb, so wie früher, wenn ich als Schüler bei etwas erwischt worden war, das ich nicht hätte machen dürfen.
»Ich habe gesagt, KEINE Rosen«, war das Einzige, was ich in dem Moment rausbrachte.
Zum Glück waren es sehr schöne wilde Rosen, nicht rot, sondern weiß und pink. Entweder mag Clara Rosen mittlerweile doch ein wenig oder sie genießt das Bouquet zumindest in Paris. Der Strauß wandert, so wie sie das bei uns zu Hause auch macht, stets mit ihr mit. Vom Sekretär zum Nachttisch, ins Bad und wieder zurück. Jetzt hat er sogar noch Platz auf dem kleinen Picknicktisch gefunden.
»Meinst du, so aus strenger ärztlicher Sicht, dass mir die kleine Maus das eine Mal Rohmilchkäse und Foie Gras verzeihen wird?«

Clara ist die Leidenschaft für kulinarische Köstlichkeiten in die Wiege gelegt worden. Deshalb ringt sie, seit wir wissen, dass sie schwanger ist, immer wieder mal mit sich, auf alles, was ihr so gut schmeckt, verzichten zu müssen. Ich strecke die Arme in die Luft und gebe mich geschlagen.
»Übrigens bin ich von Johnny Junior nicht so begeistert«, wirft Clara auf einmal ein, während sie sich ein Stück vom Baguette abbricht. Anscheinend will sie die Gunst der Stunde nutzen. Bevor wir losgeflogen waren, hatten wir nämlich überlegt, welchen Namen wir dem Kind geben würden. Jeder listete fünf Mädchen- und fünf Jungennamen auf. Wir verteilten Punkte und machten ein Ranking. Falls das Kind ein Mädchen werden würde, sollte es Maximilia oder kurz Maxi heißen. Darin waren wir uns schnell einig.
»Wir können ja noch über Johnny Junior verhandeln«, antworte ich und schiebe ihr grinsend den Rohmilchkäse rüber.

Solotrip

13. August 2019, tagsüber

Wieder in Paris. Ich sitze frühmorgens in der Metro neben Pendlern mit müden Augen. In meiner Sakkotasche ein kleiner Zettel mit einem Zeitplan. Denn ich habe nur bis abends Zeit, um den Verlobungsring zu besorgen und die besonders schönen Orte, an denen ich wenige Wochen zuvor mit Clara war, noch einmal aufzusuchen. So wie morgens oft das Parfüm von Clara noch in der Wohnung zu erahnen ist, auch wenn sie schon längst das Haus ver-

lassen hat, spüre ich ihre Nähe, obwohl sie gar nicht mit dabei ist.
Mein Weg führt mich vorbei an dem kleinen Kiosk, wo der ältere Mann wieder Jazzmusik hört. Ich kaufe eine Zeitung und gehe zu unserem Bistro. Die Morgenluft ist noch kühl. Während ich an »unserem« Platz meine Zeitung aufschlage und den ersten Schluck des köstlichen Kaffees nehme, wandert die Sonne auch schon über die Häuserzargen zu den Tischen auf dem Gehweg.
Mit einem Blick auf die Uhr versichere ich mich, dass ich gut in der Zeit liege. Der Termin beim Juwelier ist für 10 Uhr ausgemacht. In Gedanken bin ich den Weg vom Bistro zu dem Laden so oft abgegangen, dass ich genau weiß, wann es Zeit zu zahlen ist.
Beim Juwelier erwartet man mich bereits. Die Verkäuferin überreicht mir den Ring, den ich ausgesucht habe, Gold mit einem großen Diamanten und vielen kleinen Steinen besetzt, in einer Box, eingepackt in Büttenpapier und mit einer Seidenschleife umschlungen. Eine große Papiertüte mit der Aufschrift des Juweliers steht auch schon bereit. Vielleicht trägt man in Paris ein solches Schmuckstück auf diese Weise nach Hause, die Vorfreude auf den Moment mit der Liebsten unverkennbar für alle Passanten. Ich frage jedoch nach einem kleinen Stoffbeutel, in dem ich den Ring sicher in der Innentasche meines Sakkos verschwinden lassen kann. Denn ich habe noch einen weiten Weg vor mir, wenn ich alles schaffen will, was ich mir für heute vorgenommen habe.
Kurz darauf verlasse ich das Geschäft, sause die letzten Stufen der nahe gelegenen Metrostation hinunter, um die Bahn gerade noch zu erwischen, bevor sich die Türen schließen. Online habe ich ein Ticket für eines der vielen wunder-

vollen Museen der Stadt gebucht, um mir eine neue Ausstellung anzusehen. Danach statte ich der Notre-Dame einen Besuch ab, die vor gar nicht langer Zeit so sehr von dem wütenden Feuer in Mitleidenschaft genommen wurde. Mittags mache ich in einem kleinen Restaurant halt, das ganz versteckt in einem alten Innenhof liegt. Die kleinen Tische sind, wie kann es anders sein, um einen knorrigen Olivenbaum gruppiert. Aber anders als im Bistro versinkt man hier regelrecht in den Kissen der Sessel und Bänke. Ich bestelle mir etwas, das ich bei unserem gemeinsamen Besuch nicht geschafft hatte zu essen, und sauge die Gesprächskulisse der französischen Stimmen um mich herum auf.
Immer wieder mal schaue ich neben mich und sehe Clara vor mir, ihren wachen Blick, die funkelnden Augen und ihr Lächeln, als ich ihr vorschlug, einen Verlobungsring auszusuchen. Es ist schön, den Tag mit ihr zu genießen, auch wenn sie gar nicht live dabei ist. Ich war nicht so, bis ich Clara kennenlernte. Früher konnte ich Ruhe und Entspannung nur schwer aushalten. Vielleicht bin ich ja so gern ein Entertainer, weil ich schon als Kind gelernt habe, damit die stillen Momente zu überspielen, aus Angst davor, dass unangenehme oder traurige Themen hochkommen. Diese innere Verpflichtung, die Stimmung kontrollieren zu müssen, ist ziemlich anstrengend und kostet viel Energie. Seit Clara an meiner Seite ist, bin ich viel entspannter. Sie ist für mich wie eine Art Neuanfang. So einen spontanen Solotrip hätte ich früher nie gemacht. Auch wenn ich oft spürte, dass ich etwas in meinem Leben verändern wollte, gelingt es mir erst mit Clara, mich neu kennenzulernen und der echte Johannes zu sein.
Wie es ihr wohl gerade geht? Vermutlich gut, denn sie ist überglücklich, ein Kind zu bekommen, das auch mein

Kind sein wird. Ich habe bereits zwei wunderbare Töchter aus erster Ehe. Damals war ich allerdings gerade mal Ende zwanzig und setzte mich unter großen Druck, um ein schönes Familienleben zu bauen. Jetzt mit Ende dreißig noch einmal Vater zu werden, ist wie das Sahnehäubchen auf einem köstlichen Erdbeerkuchen. Denn dieses Kind wird bereits in ein sicheres Familienleben geboren. Die Vorfreude fühlt sich leichter an, ich kann das alles mehr genießen. Das Geschenk, das mir das Leben gerade macht, erfüllt mich mit großer Dankbarkeit.

Ein Morgen im März

1988

Neun Wochen vor meinem fünften Geburtstag. Die Butter leuchtet durch die Marmelade auf meinem goldbraunen Brötchen, das mir meine Mutter gerade geschmiert hat. Ich kann das Gemisch aus dem Brot, der süßen Kirschmarmelade und der cremigen Butter schon auf der Zunge schmecken, als es einen Rumms macht und meine Mutter blitzartig vom Tisch aufspringt. Ohne uns anzusehen, rennt sie aus der Küche. Ich höre nur noch, wie sie die Treppe nach oben stürmt. Meine Geschwister und ich schauen uns verdutzt an. Noch bevor einer von uns fragen kann »Was stimmt denn nicht?«, hören wir unsere Mutter den Namen unseres Vaters schreien: »Wolfgang! Wolfgang!«

Wie versteinert bleiben wir am Tisch sitzen. Nach einer Weile stehe ich auf, gehe vorsichtig ein paar Schritte aus der Küche in den Flur. Dann setze ich leise einen Fuß vor den anderen und schleiche Stufe für Stufe nach oben in den ersten Stock. Ich höre meine Mutter, kann aber nicht verstehen, was sie sagt. Ich weiß auch nicht, woher ihre Stimme kommt, sie wirkt irgendwie so weit weg. So hat sie auch noch nie geklungen. Es muss etwas Schreckliches passiert sein. Mein Herz pocht bis zum Hals. Mit jeder Stufe nähere ich mich ihrer Stimme. Noch ein paar Schritte. Aus der Stimme ist ein Schluchzen geworden. Ich knote meinen Kinderbademantel, den ich über dem Schlafanzug trage, fest zu, als wäre er eine Ritterrüstung, die mich vor etwas Furchtbarem beschützen muss. Trotzdem möchte ich zu meiner Mutter und zu meinem Vater. Wieso höre ich Papa eigentlich nicht? Mama scheint im Elternbadezimmer zu sein. Gleich bin ich da, noch ein Treppenabsatz. Es fühlt sich an, als würden meine Füße im Fußboden versinken. Nur noch ein letzter Schritt. Wie ein Taucher, der ein paar Minuten unter Wasser bleiben will, hole ich tief Luft, bevor ich um die Ecke ins Badezimmer luge.

Meine Mutter kniet auf dem Boden und beugt sich über meinen Vater, der bäuchlings auf den Fliesen liegt. Er hat nichts an, liegt einfach da und bewegt sich nicht. Kein bisschen. Mama hat ihm ein Handtuch unter den Kopf gelegt, den sie mit beiden Händen festhält. Ich kann sein Gesicht nicht sehen, es ist von mir weggedreht. Meine Mutter bemerkt mich nicht. Ich gebe keinen Laut von mir. Auf einmal sehe ich das Blut, eine unglaubliche Menge Blut. Es sieht aus, als würde Papa in einem Meer aus Blut liegen. Ich drehe mich um, stürze zur Balkontür und drücke mein Gesicht gegen die Scheibe, die Hände am Kopf, so als würde ich rausschauen wollen. Vor dem weißen Märzhimmel zeichnen sich die kahlen Äste der großen uralten Buche ab, die im Garten unserer Nachbarn steht.

»Das ist nicht passiert. Das ist nicht passiert«, flehe ich immer und immer wieder durch die Scheibe. Ich möchte irgendwas für meine Eltern tun. Irgendwas. Aber ich spüre, dass ich nichts tun kann. Nichts. Eine gewaltige unsichtbare Hand hält mich umschlossen und drückt immer fester zu. Ohne Unterlass, ohne Erbarmen. Jedes Mal, wenn ich ausatme, wird der Raum, den ich habe, um wieder einzuatmen, enger.

Meine Mutter hat mich immer noch nicht bemerkt. Wenn sie mich jetzt sieht, macht das alles bestimmt nur noch schlimmer. Also schnell weg. Genauso lautlos, wie ich gekommen bin, gehe ich die Treppe wieder runter. Mit völlig trockenem Mund schlucke ich die bittere Erkenntnis, dass ich völlig hilflos bin.

Ohne Handbremse

13. August 2019, abends

Auf dem Weg zurück zum Flughafen rauscht die anbrechende Pariser Nacht vor dem Fenster der Metro an mir vorbei. Um mich herum erneut all die Pendler, die entweder wieder oder immer noch müde Augen haben. Während viele von ihnen einen Tag der Routine hinter sich gebracht haben, hocke ich auf dem harten Sitzplatz der U-Bahn, erfüllt von schönen Erinnerungen, neuen Eindrücken und der Vorfreude, dass ich Clara bald den Ring überreichen und sie fragen darf, ob sie meine Frau werden will.

In der Abfertigungshalle begegne ich zufällig dem Vater eines Schulfreundes. Als Junge habe ich immer zu diesem klugen und erfolgreichen Mann aufgeblickt. Wenn ich ihm damals von meinen Ängsten und Sorgen erzählte, sagte er oft ermutigend: »Ach, du bist doch noch so jung.« Auch später als Erwachsener hörte ich immer wieder von Menschen, ich sei doch noch so jung für das, was ich erreicht habe. Aber was soll das eigentlich heißen?

Ein Dialog aus einer Episode der Serie »The Young Pope«, der junge Papst, kommt mir in den Sinn. Jude Law spielt darin den ungewöhnlichen und sehr jungen Papst Pius XIII. Im Zwiegespräch sagt ein alter Kardinal zu ihm: »Ihr überrascht mich, Heiliger Vater. Ihr seid so jung und habt dennoch so alte Ideen.«

»Sie täuschen sich«, antwortet der junge Papst. »Ich bin ein Waise und wir Waisen sind niemals jung.«

In diesen Worten fand ich mich wieder. Denn meine Kindheit war an jenem Morgen im März 1988, als mein Vater unter der Dusche für einen Moment bewusstlos wurde und umfiel, mit dem Kopf an einer Kante aufschlug und auf dem Badezimmerboden in den Armen seiner Frau verblutete, von einem Moment auf den anderen vorbei. Mitten im Spiel wurde der Stecker gezogen.

Unter der Last der Verantwortung, die ich nach dem Tod meines Vaters für meine Familie tragen wollte, fühlte sich nichts mehr leicht und unbeschwert an, sondern eher so, als würde ich mit angezogener Handbremse durchs Leben fahren. Als Jugendlicher ging ich nur einmal pro Woche aus und blieb an den Abenden, an denen meine Geschwister unterwegs waren, zu Hause, damit meine Mutter nicht allzu oft allein zurückblieb.

Das Flugzeug, das mich nach Hamburg zurückbringt, kommt mir vor wie ein Raumschiff, das mich von einer alten in eine neue Welt befördert. Noch einmal spule ich die Zeit mit Clara zurück. Mit ihr habe ich es geschafft, diese Handbremse endlich zu lösen und meine kindliche Leichtigkeit wiederzuentdecken. Und dieser Moment im Flieger nach einem Tag allein in Paris ist wie eine Startrampe für alles, was noch vor uns liegt.

Bei diesem Gedanken regt sich für einen Sekundenhauch ein winziger Widerstand. Das Glück kann ja auch kaputtgehen. Und wenn man sich voll und ganz auf einen anderen Menschen einlässt, ist die Fallhöhe eben auch größer.

»Noch 30 Minuten bis zur Landung«, sagt der Kapitän durch. Ich schiebe den dunklen Gedanken beiseite, atme tief aus und fasse an mein Sakko, wo sich in der Innentasche der Verlobungsring befindet. Zufrieden lehne ich mich im Sessel zurück und schließe die Augen.

Tokolosh

2004

Es ist dunkel, kalt und seit Tagen regnet es. In der Luft liegt ein Geruch aus angebranntem Essen und Lebensmittelresten, die in Mülleimern vor sich hin faulen. Der Matsch auf den Straßen ist samtig weich und klebrig, der Traum eines jeden Kindes, wenn es sich im Garten daran austoben darf. Uns macht er bei der Arbeit das Leben schwer. Er klebt an den Schuhen, von denen er nur mit Mühe abzubekommen ist, er klebt im Fußraum des Krankenwagens und manchmal bekommen wir die Seitentür fast nicht zu, nachdem wir einen Patienten mühsam eingeladen haben, weil der Matsch jede Ritze verstopft. Bloß nicht stecken bleiben, denke ich, während ich mich auf der Suche nach der Hausnummer, die uns über Funk mit der Information, dort habe eine junge Frau ihr Bewusstsein verloren, durchgegeben wurde, aus dem Seitenfenster des alten Mercedes-Krankenwagens lehne und mit der Taschenlampe die Wände der Wellblechhütten ableuchte. Die Sanitäterin am Steuer versucht, den Krankenwagen immer in Bewegung zu halten und die Untiefen der ungepflasterten Straße zu umfahren.

»Wenn wir jetzt stecken bleiben, kommen wir hier nie wieder weg«, sagt sie eher zu sich als zu mir und der anderen Rettungssanitäterin.

Ihre Kollegin, ebenfalls jung, aber in Dienstjahren noch deutlich hinter der Fahrerin, rollt mit den Augen und entgegnet: »Ach was, das sagst du jedes Mal und dann bekommst du den Blechhaufen doch immer wieder raus.«

»Letztes Mal mussten ja auch nur um die 20 Leute anschieben. Glaubst du, dass bei diesem Wetter irgendwer auch nur einen Schritt aus dem Haus macht?«

Die Nummern, wenn sie denn auf die Wand geschrieben sind, ergeben kein Muster und Straßennamen sind in diesem Teil des Townships auch nicht mehr zu finden. Wir befinden uns in der wohl ärmsten Gegend und der gefährlichsten. Den größten Teil der Strecke eskortierte uns ein kleiner Polizeiwagen, der aber vor wenigen Minuten beidrehte und uns der Dunkelheit überließ. In letzter Zeit häufen sich die Meldungen über Polizeiwagen, die in einen Hinterhalt geraten sind, nachdem sie die beleuchteten asphaltierten und wie mit einem Lineal gezogenen Straßen verlassen haben.

Das ist auch der Grund, warum man mich als deutscher Medizinstudent dem einzigen weiblichen Team der Rettungswache zugeteilt hat. Ich würde meine Kolleginnen schon irgendwie beschützen, so die zuversichtlichen Worte des Schichtführers. Davon bin ich ja weniger überzeugt, aber zu meiner Überraschung habe ich festgestellt, dass mein alter olivgrüner H&M-Parker, auf dessen linken Ärmel ich als Witz mein in der Vorschule erworbenes Seepferdchenabzeichen genäht habe, als militärische Uniform wahrgenommen wird.

»Bist du aus einer Spezialeinheit bei der Marine?«, fragte mich einmal ein angetrunkener Mann mittleren Alters, nachdem ich ihm in den Wagen geholfen hatte und wir uns auf dem Weg zum Krankenhaus gegenübersaßen. Wenn der wüsste, dachte ich mir und antwortete: »Ja, so was in der Art.«

Der Wagen rutscht plötzlich seitlich auf dem Weg in Richtung Graben, der parallel zur Straße verläuft.

»Sorry!«, kommt es von der Fahrerin, während sie ihn geschickt wieder einfängt.

An Bord des Krankenwagens haben wir etwas Verbandszeug, ein paar Gummihandschuhe und eine Flasche Sauerstoff. Medikamente, Geräte oder anderes medizinisches Material gibt es nicht mehr. Denn kaum ist ein Wagen in der Zentrale frisch bestückt, verschwindet auch schon alles wieder und wird als Hehlerware verhökert. Die Sauerstoffflasche ist deshalb im wahrsten Sinne des Wortes angeschlossen, mit einer Kette und einem Vorhängeschloss. Die Gummihandschuhe sind wohl uninteressant und das Verbandsmaterial ist gut versteckt. Aber an alles, was wie ein Gerät oder nach Medikamenten aussieht, brauchen wir uns hier in Südafrika gar nicht erst zu gewöhnen.

Endlich leuchtet die Hausnummer im Schein meiner Taschenlampe auf. Wir halten an einer Stelle, wo die Straße einigermaßen befestigt aussieht, schnappen uns die Trage und tauchen in das Labyrinth der Gänge zwischen den Wellblechhütten ein. Hinter der ersten Ecke erwischt mich beinahe ein niedrig hängender Draht. Es ist kaum möglich, einen sicheren Tritt zu finden. Ich spüre, wie das Wasser der tiefen Pfützen langsam in meine Schuhe läuft. Wenn der Matsch wenigstens das Wasser abhalten würde ... Hinter der nächsten Ecke flackert eine Glühbirne über einer blechernen Tür. Wir klopfen.

»Metro Ambulanz«, ruft die ältere der beiden Sanitäterinnen, wartet aber gar nicht erst auf eine Antwort und öffnet die Tür.

In der Hütte, reines Wellblech, blanke Erde am Boden und nur ein einziger Raum, müssen sich meine Augen erst an das schwache Licht gewöhnen. Es herrscht gespenstische Stille. Langsam erkenne ich Umrisse von Menschen, eine Großfamilie. Die meisten Mitglieder sitzen auf Schemeln oder kleinen Stühlen. In einer der Ecken steht ein alter Sessel, darauf thront das Familienoberhaupt, eine ältere Frau. Ihre Augen lassen sich vor lauter Falten kaum erkennen, unter dem aufwendig gewickelten Kopftuch, das wie eine Art Krone wirkt, blitzen graue Haare hervor. Sie schaut uns mit durchdringendem Blick und irgendwie vorwurfsvoll an. Na, das ist dann ja schon mal nicht unsere Patientin, denke ich und suche in dem schlecht beleuchteten Raum weiter nach der bewusstlosen Frau. Die Alte schreit die beiden Sanitäterinnen auf Afrikaans, der Landessprache, an. In einer anderen Ecke des Raumes entdecke ich eine junge Frau, die auf einer Art Pritsche liegt. Ich mache ein paar Schritte auf sie zu. Sie ist bewusstlos, atmet aber. Das ist schon mal beruhigend, mache ich mir selbst Mut, während ich mich zu ihr runterbeuge, um ihren Puls zu tasten.

»Das Mädchen hatte vermutlich einen Krampfanfall. Wir müssen sie mitnehmen, um ihr zu helfen«, sagt meine Kollegin zu mir und übersetzt das dann der Alten, die sofort wieder losschimpft.

»Die glauben, dass sie vom Tokolosh befallen ist«, erklärt mir die Sanitäterin, den Blick weiter auf die Alte gerichtet, die sich in ihrem Redeschwall nicht im Entferntesten bremsen lässt.

»Na super«, antworte ich und lasse noch einmal meinen Blick über die Menschenansammlung wandern. Im Krankenhaus hört man ab und zu Geschichten über diesen Tokolosh, ein böser Kobold, der Unglück über die Menschen bringt. Der Ausdruck auf den Gesichtern der Leute verrät, dass sie das wirklich glauben. Jeder Einzelne hier in dem Raum hat Angst, panische Angst, dass sich dieser mysteriöse Tokolosh als Nächstes einen von ihnen vornimmt.

Die Alte wird noch lauter, ihre Worte werden noch eindringlicher, sie hört sich an wie ein Exorzist, der die Inkarnation des Bösen aus dem Raum vertreiben will. Die Familienmitglieder zucken bei jedem Wort zusammen, jeder macht sich auf seinem Schemel noch kleiner. Sogar die sonst so selbstbewussten Sanitäterinnen wirken ernsthaft eingeschüchtert. Auf einmal stößt die alte Frau eine Art Fluch aus, während sie einen Arm hebt und mit dem Finger auf die junge Frau zeigt. Allerdings knie ich mittlerweile zwischen der Patientin und dem Zeigefinger der Alten, deshalb scheint es so, als würde der Fluch mich treffen. Dann verstummt die Alte. Wieder Totenstille im Raum. In mir macht sich Unbehagen breit. Irgendwie fühle ich mich beobachtet, als würde jemand sich aus einer Ecke des Raumes finster grinsend das Schauspiel ansehen und darauf warten, was geschieht. Ganz so leicht werde ich die junge Frau aber dem Aberglauben, der ihre Zukunft zu erdrücken scheint, nicht überlassen. Man sagt, dass das Gewicht der Zunge eine Existenz zerstören kann. Und die Zunge der Alten lastet bereits schwer auf der Seele dieser jungen Frau. So kampflos gebe ich hier nicht auf.

»Sie hat gesagt, der Tokolosh ist noch da«, übersetzt meine jüngere Kollegin.

»Wir sollten zusehen, dass wir hier wegkommen«, entgegnet die andere. »Wir packen sie jetzt auf die Trage und dann los.«

Wenn wir sie nicht mitnehmen, ist ihr Schicksal als vom Bösen Befallene besiegelt. Das wissen wir alle drei.

»Wann hat sie das letzte Mal gegessen?«, richte ich mich auf Englisch an die Gruppe. Keine Antwort. Meine Kollegin wiederholt die Frage auf Afrikaans zwei weitere Male, bis endlich die Information kommt, auf die ich ein wenig gehofft habe.

»Vroeg vandag«, höre ich aus einer Ecke. Früh am Tag, so viel Afrikaans verstehe ich dann doch noch. Ich stelle mich aufrecht hin, gehe einen Schritt in die Mitte des Raumes und sage mit harscher Stimme: »Hier ist kein böser Kobold und auch kein Teufel im Spiel. Diese Frau hatte einen Krampfanfall, weil sie unterzuckert ist und wahrscheinlich auch zu wenig getrunken hat.«

Die Sanitäterinnen stellen sich mit der Trage, auf der die bewusstlose Frau mittlerweile liegt, zu mir und wiederholen meine Worte, um sicherzugehen, dass auch jeder verstanden hat. Wir drehen uns um, ich öffne die Tür und fixiere vor allem die Alte mit strengem Blick, bis meine Kolleginnen mit der Trage draußen sind. Wie ein Bankräuber, der sicherstellt, dass sich keiner rührt, bis die Komplizen mit der Beute weit genug entfernt sind, halte ich die Gruppe in Schach. Dann mache ich einen großen Satz rückwärts ins Freie, wo ich mit einem schlurfenden Geräusch knöcheltief in einer Pfütze lande, und werfe die Tür zu. Im Laufschritt hole ich die wenigen Meter zu meinen Komplizinnen auf, öffne den Krankenwagen und lade mit der jüngeren Sanitäterin die Patientin ein, während die andere im Fahrerhäuschen des Krankenwagens verschwindet und den Motor anwirft.

Als Erstes versorge ich die Frau mit ein wenig Sauerstoff über die Maske und decke sie zu. Meine Gedanken sind während der routinierten Handgriffe bei dem Tokolosh. Wie er wohl aussieht, dieser kleine Teufel, der nachts durch die Schlafräume und Wohnräume der Menschen schleicht und all jene befällt, die unvorsichtig sind und nicht hoch genug über dem Boden schlafen? Es ist schwer, ihn zu Gesicht zu bekommen, weil er so winzig ist und jede Menge Tricks aus dem Ärmel schüttelt, um sich zu verbergen. Nur denen, die etwa einen Meter über dem Boden schlafen, kann er wegen seiner Größe nichts anhaben. Aber kann ein so kleiner Kerl wirklich so viel Macht besitzen?

Jeder, der schon einmal eine touristische Werbung für Südafrika gesehen hat, kennt die sogenannten Rondavels, kleine rundliche Häuser mit spitz zulaufendem Strohdach und meist nur einer Tür, die so typisch für Südafrika sind. Um sich in kalten Winternächten zu wärmen, machen die Bewohner auf dem Fußboden ihres Rondavels Feuer und legen sich drum herum. Leider nimmt manchen die Wärme, nach der sie sich sehnen, die Luft zum Atmen. Immer wieder kommt es zu Kohlenmonoxidvergiftungen und einer wacht nicht mehr auf. Diejenigen, die etwas erhöht, zum Beispiel in einem Bett, schlafen, überleben mit etwas Glück. Lange nahm man als Ursache für den plötzlichen Tod an, dass Kohlenmonoxid schwerer als Luft ist und deshalb zu Boden sinkt. Mittlerweile weiß man, dass sich das tödliche Gas gleichmäßig im Raum verteilt. Da sich die erhöhten Schlafstellen aber oft unter einem Fenster befinden, kann es auch einfach der kleine Luftzug sein, der das Leben des dort Liegenden rettet.

Weil das viele nicht wissen, wird die Schuld dem Tokolosh zugeschoben, der sein Unwesen auf viele Arten treibt. Wünscht ein Mensch einem anderen etwas Böses, kann er zum Beispiel bei einem »bösen Doktor« einen Tokolosh beschwören lassen. Das Ganze hat aber seinen Preis. Der Auftraggeber muss als Gegenwert die Seele eines geliebten Menschen versprechen, den er nicht auswählen darf. Wann und an wem der Tokolosh sein Unheil verrichtet, entscheidet er allein, und das kann Tage, Wochen oder sogar Jahre dauern.

Die Vorstellung, dass ein Mensch diesem Teufel die Seele eines ihm geliebten Menschen verspricht, ohne dass der Betroffene darauf Einfluss nehmen kann, ist gruselig und zugleich berührt sie mich tief in meinem Inneren. Irgendwie spüre ich in meiner Seele so eine Kerbe, die vielleicht ein Tokolosh geschlagen hat. Der plötzliche Verlust meines Vaters hat in dem kleinen Jungen, der ich damals war, ein Gefühl der Hilflosigkeit hinterlassen, das sich bei den Menschen hier in Südafrika vielleicht in Aberglauben wandelt. Zurück bleibt die Angst, machtlos gegen den Faustschlag des Universums zu sein.

Aber so leicht mache ich es dem Universum nicht. Vielleicht studiere ich ja deshalb Medizin, weil ich mit geballten Fäusten dagegenhalten will. Mit einem Urknall einfach mal die Dominosteine anstoßen und sie willkürlich umfallen lassen, damit macht es sich das Universum etwas

zu leicht. Nicht mit mir! In mir hast du, liebes Universum, keinen leichten Gegner gefunden.
Der Krankenwagen holpert über die matschigen Straßen und die Frau ist immer noch nicht bei Bewusstsein. Ich nehme ihre Hand und drücke sie sanft, mehr kann ich, bis wir im Krankenhaus sind, nicht tun, um ihr Beistand zu leisten.
Das, was gerade in der Hütte im Township passiert ist, lässt mich einfach nicht los. Vielleicht versteckt sich dieser Tokolosh ja irgendwo hier im Wagen, um mich daran zu erinnern, dass man den Lauf des Universums nicht durcheinanderbringen darf. Denn in der Hütte – zwischen der Alten und der bewusstlosen Frau stehend – hatte ich das Gefühl, als könnte ich verhindern, dass die Dominosteine fallen. Vielleicht habe ich mir zu viel rausgenommen?
»Irgendwann kommst du mal mit einem blauen Auge nach Hause, Johnny«, prophezeite mir meine Familie als Jugendlicher öfter, wenn ich meine Klappe mal wieder zu weit aufgerissen hatte. Habe ich dem Lauf des Universums gerade dazwischengefunkt? Und steht mir das als angehender Arzt überhaupt zu? Ja, bestätige ich mir in Gedanken. Das Universum mag im Aberglauben einen starken Verbündeten haben. Aber in Wirklichkeit wird es eine erklärbare Ursache für den Krampfanfall geben!
Das Licht, das auf einmal durch die Scheiben des Krankenwagens fällt, und das Ruckeln, als wir über die Bodenwellen an der Sicherheitskontrolle des Krankenhauses fahren, holt mich wieder in die Gegenwart zurück. Nachdem wir geparkt und die Patientin an das Team der Notaufnahme übergeben haben, hole ich mir einen heißen Kaffee aus dem Automaten in einem kleinen Aufenthaltsraum und lasse mich auf ein altes, durchgesessenes Sofa fallen. Die

Anspannung des Abends legt sich langsam. Nicht zuletzt, weil ich überzeugt bin, dass die Ärzte das Schicksal dieser Frau werden wenden können.

Ein nervöser Hund

30. Oktober 2019

»Es ist unglaublich, wir haben ungefähr 40 Strampler. In allen Farben und Größen. Mit Beinen und ohne Beine.« Clara grinst. »Und das Highlight ist und bleibt der Erdbeerbadeanzug, den deine große Tochter als Baby anhatte.«
Wir gehen am Strand spazieren, den Wind im Rücken, rechts von uns wirft die Nordsee kleine Wellen an den Strand, links von uns ragt das rote Kliff gen Himmel. Auch wenn ich gerade etwas anderes im Kopf habe, sehe ich den Berg von Klamotten unterschiedlichster Stilrichtungen und Geschmäcker von insgesamt sechs Kindern aus der Familie und den Sachen, die uns Freunde als Geschenk oder Leihgabe gebracht haben, förmlich vor mir. Die einen sind vom vielen Waschen schon ganz seidig weich, die anderen duften noch nach dem Weichspüler der Vorbesitzer.
»Für ein Mädchen haben wir deutlich mehr anzuziehen«, nimmt Clara den Gesprächsfaden wieder auf.
Ich nicke stumm. Im Augenblick steht mir nämlich nicht der Sinn danach, über Babykleidung zu sprechen. Unser Hund Primus, ein großer Jagdhund mit glänzend braunem Fell, läuft immer wieder um uns herum. Er schlängelt sich zwischen unseren Beinen durch und verheddert sich in der Leine.

»Warum ist er denn heute so aufgeregt?«, fragt Clara.
Ich zucke mit den Achseln und rede im Stillen mit Primus: Mann, reicht es nicht, wenn einer von uns beiden nervös ist? Unauffällig taste ich mit der Hand an meiner Daunenjacke entlang, um zu prüfen, ob das kleine Säckchen noch in der Innentasche steckt.
»Spätestens, wenn das Kind im Kinderwagen deiner Nichten liegt, ist es eh schon egal, was es anhat. Wieso hat eigentlich jedes Rad an dem Wagen eine andere Farbe?«
Wieder zucke ich stumm mit den Achseln und schaue zur sogenannten Wasserkante des Strandes, auf die wir zugehen. Dort spazieren einige Paare, Familien und ein paar Menschen allein. Mist, das ist viel zu voll! Wieso habe ich keinen Tisch in einem netten Restaurant reserviert?
»Lass uns doch hier einfach mal Pause machen«, sage ich zu Clara und deute auf einen Platz im Sand unterhalb des Kliffs.
Wir gehen zu der Stelle, setzen uns in den weichen Sand und schauen erst mal aufs Meer.
»Was für ein herrlicher Tag das heute wird«, sagt Clara, während sie den Lauf der Wolken betrachtet.
»Hmhmmm«, antworte ich, weil ich mich gerade nicht traue, mehr zu sagen. Mein Mund ist trocken und mein Herz bollert von innen gegen den Brustkorb. Ich stecke meine Hände in die Jackentasche, da sie vor Aufregung zittern. Jetzt reiß dich mal zusammen, rufe ich mich zur Ordnung, das ist ja schon fast ein bisschen lächerlich. Zum Glück lenkt Primus ab. Er versucht, sich auf meinen Schoß zu setzen. Sein Fell ist voller Sand.
»Junge, was ist denn los mit dir?«, frage ich ihn und versuche die 38 Kilogramm panierte Liebe vorsichtig wegzudrücken. Keine Chance.

»Irgendwas ist heute mit ihm. Vielleicht gehen wir einfach weiter«, schlägt Clara vor.
Wenn du wüsstest, denke ich.
Wir marschieren zur Strandtreppe, die hoch auf das Kliff führt. Von da sehen wir Kampen und in der Ferne den Parkplatz, wo unser Auto steht. Die Wolken schieben sich über unsere Köpfe hinweg vom Meer zum Festland. Wir nehmen den schmalen Weg, der durch das Dünengras führt, und gehen eine Weile wortlos nebeneinander her.
Jetzt mach schon, sporne ich mich innerlich an, wir können ja nicht unverrichteter Dinge wieder zurückfahren. Mittlerweile ist die Wolkendecke aufgerissen und die herrliche Herbstsonne strahlt uns an. Ich kann die Wärme auf meinem Gesicht spüren. Als hätte die Sonne uns eingeladen, bleiben wir wieder stehen. Ich schließe die Augen und atme die frische Meeresluft tief ein. Vorsichtig luge ich durch ein Auge zu Clara, die den Moment genießt. Jetzt vielleicht?
Wo ist Primus eigentlich abgeblieben? Der Hund zerschießt mir doch jetzt nicht den Heiratsantrag? Ich drehe mich um und sehe, wie er wie angewurzelt dasteht und auf den Boden vor seinen Vorderpfoten starrt. Jetzt erst bemerke ich das Mauseloch. Na, dann ist er ja erst mal beschäftigt, denn Primus kann in dieser Pose gerne auch mal mehrere Minuten wie eine Salzsäule verweilen.
Wie in einem Krimi, wenn der Einbrecher nicht will, dass der Bewegungsmelder losgeht, gleitet meine rechte Hand in Zeitlupe zum Reißverschluss meiner Jacke, zieht ihn langsam runter und greift in die Innentasche. Da ist es, das Säckchen aus Paris. Ein kleines »Ha!« entfährt mir aus lauter Freude, dass alles da ist und vor allem, dass ich hier in den Dünen doch noch den richtigen Moment gefunden habe. Der Blick in die Weite, die Sonne, die sich endlich

durch die Wolken gekämpft hat, ein ruhiger Hund – und vor allem auch ein ruhiger Johannes. Mein Mund ist zwar noch etwas trocken, aber es wird schon gehen. Was sag ich denn jetzt? Ich hatte an alles gedacht, aber nicht an die alles entscheidenden Worte.
»Äh, ich wollte dich etwas fragen.«
Clara schaut mich liebevoll und zugleich ein wenig belustigt an. Sie ahnt doch schon, was kommt.
»Vielleicht hast du dir das ja alles etwas anders vorgestellt. Aber ich wollte dich fragen, ob wir das Leben zusammen verbringen wollen.« Während ich spreche, ziehe ich den goldenen Ring mit den funkelnden Steinen aus dem Säckchen. »Du darfst auch drüber nachdenken«, füge ich mit breitem Grinsen hinzu, um die für mich kaum auszuhaltende Stille zu überspielen. Dabei komme ich mir vor wie einer dieser Menschen, die, noch bevor man den ersten Tesastreifen am Geschenk abgelöst hat, schon sagen: »Du kannst es auch umtauschen!« Oder Köche, die einem vor dem ersten Bissen am liebsten den vollen Teller wieder mit den Worten wegreißen wollen: »Das Fleisch ist zu durch, der Kuchen irgendwie eingefallen.« Eigentlich mag ich das überhaupt nicht. Aber heute habe ich keine Chance, nicht so zu sein.
Clara muss glücklicherweise nicht nachdenken, sondern antwortet aus vollem Herzen: »Ja, das möchte ich sehr gerne.«
Endlich wieder mit ein wenig Feuchtigkeit im Mund und einem Herz, das langsam in seinen Rhythmus zurückfindet, küssen wir uns.
»Ich könnte mir kein schöneres Leben vorstellen«, flüstere ich ihr ins Ohr.
»Wir werden eine kleine bunte Familie voller Liebe sein und gut aufeinander achten«, sagt Clara und lehnt ihren

Kopf auf meine Schulter. Primus hat sich mittlerweile hingelegt, ohne jedoch das Mauseloch aus den Augen zu lassen. Der Moment ist zu schön, um ihn vergehen zu lassen. Ich denke an all die schönen Dinge, die auf uns warten werden. Manchmal braucht das Leben wohl einen zweiten Anlauf oder auch einen dritten. Eine wohlige innere Wärme durchdringt mich, weil sich alles gerade auf wunderbare Weise fügt. Clara und ich sind beide aus einer langen Beziehung in unser gemeinsames Leben gekommen. Im Gegensatz zu ihr habe ich allerdings zwei Kinder aus meiner ersten Ehe mitgebracht. Die Worte einer befreundeten Kinderpsychotherapeutin kommen mir in den Sinn: »Auch wenn eine Scheidung für Kinder viele Herausforderungen mit sich bringt, so schenkt sie ihnen danach auch neue Bezugspersonen und erweitert ihre Familie.« Genauso fühlt es sich für mich und meine Töchter an. Clara ist mit ihrem Lachen, ihrer liebevollen Art und ihrer inneren Stärke eine Bereicherung in unser aller Leben. Ich muss schmunzeln, als mir einfällt, wie meine beiden Töchter vor ein paar Tagen ein Youtube-Video anschauten, um herauszufinden, wie man Babys wickelt, über die Seite hochnimmt, den Kopf hält, und danach einen Workshop mit Clara machten, damit sie Bescheid weiß.

»Es wird uns sicher nie langweilig werden«, sagt Clara und lacht.

»Wenn die kleine Maus nach dir kommt, bestimmt nicht«, antworte ich, auch wenn ich genau weiß, dass sie nicht nur unser gemeinsames Kind meint. Zärtlich streichele ich über Claras Bauch. Unter der Daunenjacke und dem dicken Pulli schlummert im Warmen ein kleines Mädchen, das darauf wartet, die Welt zu entdecken.

Der leere Kinderwagen

Weihnachten 2019

»Dann pack doch einfach alles in den Kinderwagen und fahre es her.«
Clara und ihre praktische Art. Ich kenne keinen Menschen, der so viele Dinge gleichzeitig auf einmal durch die Wohnung schleppen kann. Meistens geht dabei auch nichts zu Bruch. Aber wenn ich es irgendwo scheppern höre, dann weiß ich: Jetzt war der eine Becher vielleicht doch zu viel, den sie zusammen mit einem Stapel Zeitungen und einem Blumenstrauß, den ich ihr mitgebracht habe, in die Küche trägt. Danach folgt meist ihr heiteres Lachen, weil sie sich selbst über ihren »Optimierungszwang« amüsiert. Es darf eben kein Weg gegangen werden, ohne etwas vom hinteren Teil der Wohnung in den vorderen und wieder zurück zu bringen. Der Becher, der ihr neulich entglitten ist, hat den Fall tatsächlich einigermaßen glimpflich überstanden. Nur der Henkel ist abgebrochen. Seitdem ist er mein Lieblingsbecher. Irgendwie zeigt er mir, dass manchmal doch nicht alles komplett zu Bruch gehen muss – und er erinnert mich bei jedem Kaffee oder Tee an Claras Lachen.
»Hm«, erwidere ich auf ihren Vorschlag, mit dem Kinderwagen die Sachen aus dem Auto – ein paar Dinge, die wir uns von meiner Mutter geliehen haben, diverse Besorgungen und eine kleine Tasche, die nach einer Reise im Kofferraum darauf wartet, endlich ausgepackt zu werden – mit einem Gang nach Hause zu bringen.

Da wir, wie es in vielen Wohnhäusern der Stadt nun einmal so ist, keinen eigenen Parkplatz vor der Tür haben, müssen wir unseren Wagen dort parken, wo gerade eine Lücke frei ist. Und das kann schon mal einige Minuten Fußmarsch bedeuten. »Das Auto steht die Straße runter zur Elbe, gegenüber von den schrägen Parkplätzen.« So lauten die typischen Koordinaten, die wir uns gegenseitig beim Rausgehen noch zurufen, immer verbunden mit einem Kuss.
Ich habe scheinbar leise vor mich hinbrabbelnd überlegt, wie ich das alles auf einmal zurück in die Wohnung bringen könnte, und halblaut gesagt: »Na, dann laufe ich halt zwei Mal.«
Auch wenn Claras Vorschlag pragmatisch ist, widerstrebt er mir irgendwie.
»Dann muss ich ja mit einem leeren Kinderwagen zum Auto gehen«, versuche ich mich rauszuwinden.
»Ja und?«
»Das mache ich nicht. Das ist für mich ein schlechtes Zeichen«, sage ich, ohne genau zu wissen, warum. Einen leeren Kinderwagen durch die Gegend zu schieben, ohne ein Kind, das darin liegt, ist für mich schlichtweg ausgeschlossen. Die Möglichkeit, so etwas zu tun, existierte bis zu diesem Moment überhaupt nicht. Ich sehe das weniger als schlechtes Omen im Sinne einer abergläubischen Idee, wie zum Beispiel unter einer Leiter durchzugehen oder einer schwarzen Katze zu begegnen, wobei ich bis heute nicht weiß, ob nun von rechts oder links das Pech oder eben Glück kommt. Es ist für mich eher ein unstimmiges Bild, das sich nicht gut anfühlt. Allein der Gedanke bereitet mir schon Unbehagen.
»Das kann ich nicht machen«, entgegne ich und hoffe, der Diskussion damit ein Ende zu setzen. Mein Tonfall ist wohl

so ernst, dass Clara meine Worte auch nicht als Witz versteht. Sie sieht die Unruhe in meinen Augen.
»Dann komm ich eben mit und wir tragen die Sachen zusammen«, sagt sie und schlüpft in ihre Jacke.

Ein kleines Schweinchen kommt vorbei

13. Juni 2020

»Wir warten draußen auf dich«, rufe ich Clara zu, während ich den Kinderwagen langsam durch die Wohnungstür steuere, um nicht anzustoßen. Die wenigen Stufen zur Haustür nehme ich mit etwas mehr Schwung, weil das Schaukeln immer so ein heiteres Glucksen in der Kinderwagenwanne auslöst.
»Jahaaa, gleich sind wir drauuuuußen«, johle ich Maxi fröhlich zu, während mein Blick aber nicht auf sie gerichtet ist, sondern auf die hinteren Räder des Kinderwagens, damit sie gleichmäßig über die einzelnen Stufen rollen.
Die Haustür ist auch geschafft und zack, sind wir draußen.
»So!«, sage ich und stecke meinen Kopf zu Maxi in den Kinderwagen. Zwei kullerrunde blaue Augen schauen mich an. Mit ihrem Stupsnäschen und der wilden dunklen Mähne sieht sie tatsächlich aus wie ich in ihrem Alter. Ich wollte es erst gar nicht glauben, als meine Mutter das sagte. Erst ein Babybild von mir erbrachte den Beweis. Das

Einzige, worin wir uns unterscheiden, sind die Augen, Maxis sind strahlend blau, meine dunkelbraun, damals schon. Nun strahlen mich diese Augen erwartungsvoll und neugierig an. Hm, was sag ich denn jetzt? Ich fühle mich wie auf der Papibühne und mein kleines Publikum freut sich schon auf die Vorstellung. Bevor die Show startet, ziehe ich mein Handy aus der Tasche, um diesen schönen Moment in einem Video für die Ewigkeit festzuhalten.
»Sag mal, war das kleine Schweinchen heute eigentlich schon da?«
Große Augen.
»Nein? Komisch. Ah, guck mal, da ist es ja«, sage ich und schaue nach links, als würde da ein Schweinchen stehen.
Immer noch große Augen.
Ich warte kurz, dann imitiere ich ein Grunzen.
Maxis Augen werden noch größer. Upps, war ich jetzt etwa zu laut?, frage ich mich, weil sie aussieht, als würde sie noch überlegen, ob sie erschrocken sein soll oder nicht. Doch auf einmal bricht es aus ihr heraus: ein herzhaftes Lachen. Das schönste Lachen, das es gibt, ein breites zahnloses Babylachen.
»Aha, interessant«, mache ich weiter. »Und was ist dir noch so passiert, kleines Schweinchen?«
Wieder antworte ich in meiner Rolle als imaginäres Schweinchen mit einem Grunzen.
Die Menge tobt! Maxi lacht und lacht und fängt auf einmal selbst an zu grunzen, was sie offenbar so sehr freut, dass sie noch mehr lachen muss.
Wir grunzen nun beide fröhlich vor uns hin.
Clara, die uns bestimmt schon im Hausflur gehört hat, kommt mit einem grinsenden Gesicht durch die Tür. Diese Vorstellung will sie sich wohl nicht entgehen lassen. Also

machen Maxi und ich weiter, bis sie bei uns angekommen ist. Sie schaut in den Kinderwagen, wo die kleine Maus quietschfidel wie ein Schweinchen grunzt.
Ich kann das Grunzen nicht mehr halten, da ich selbst lachen muss, und atme aus mit einem »Hach jaaaa, wenn die Schweinchen da sind, ist immer was los«. Ich höre auf zu grunzen, weil ich mich vor Lachen kaum mehr halten kann. Auch Maxi lässt ihr Grunzen mit einem lang gezogenen Ton ausklingen.
»Wo wollten wir noch mal als Erstes hin?«, frage ich Clara, weil ich das bei all dem Lachen und Grunzen und Grunzen und Lachen ganz vergessen habe.
»Zur Post«, sagt sie und legt mir liebevoll die Hand auf den Rücken, um mich anzuschieben.
Wir gehen los. Maxi hat in der Zwischenzeit die Kette entdeckt, die am Kinderwagen über ihr befestigt ist, und grabscht fleißig mit ihren süßen Händchen nach den bunten Holzkugeln. Ob ich als Baby auch so gegrunzt habe, überlege ich und nehme mir vor, meine Mutter das nächste Mal danach zu fragen.

Das Kind hat nichts

3. August 2020

Mit der einen Hand schließe ich die Tür zu unserer Wohnung auf, in der anderen halte ich die Babyschale, in der Maxi schläft. Clara steht hinter mir und trägt ein paar Kindersachen. Wir sind beide tief in Gedanken, was der Kleinen nur fehlen könnte. Wir haben gerade einen herrlich lauen Sommerabend bei meiner Mutter im Garten verbracht. Maxi war die ganze Zeit schläfrig und hat wieder mehrmals erbrochen. Irgendwie spüren wir alle, dass mit ihr etwas nicht stimmt. Dabei sind wir schon bei drei verschiedenen Kinderärzten gewesen. Sie haben das Kind untersucht, ihr Blut abgenommen und einen Ultraschall gemacht. Alle drei waren sich unabhängig voneinander einig, dass es sich um eine Unverträglichkeit der Milch handelt, und haben uns empfohlen, ihre Nahrung umzustellen. Denn ansonsten ist Maxi, wie ein kleines Baby eben sein sollte: Sie schaut sich alles neugierig an, grabscht mit ihren kleinen Händchen zielsicher nach ihrem Spielzeug und gackert vor sich hin. Nur immer wieder dieses Erbrechen, plötzlich, unvorhergesehen und ohne irgendeinen Zusammenhang. Weder kleinere Portionen der Milch noch sie eher aufrecht sitzend, flach liegend, auf der rechten oder linken Seite zu füttern hat geholfen. Ich kann mir einfach keinen Reim darauf machen.

»Ich mache die kleine Maus eben bettfertig«, sagt Clara und nimmt mir die Babyschale ab. Sie hebt Maxi heraus und so vorsichtig auf den Arm, als sei sie zerbrechlich. Als ich wenig später ins Schlafzimmer komme, um gute Nacht zu sagen, gibt Clara der Kleinen, die bereits in ihrem Bettchen liegt und tief und fest schläft, gerade einen Kuss. Ich beuge mich zu Maxi runter, nehme den wundervollen Duft aus frischer Babywäsche, zarter Creme und ihrer Babyhaut auf und küsse sie sanft auf die Stirn.

»Morgen rufe ich noch mal beim Kinderarzt an, so kommen wir nicht weiter«, sage ich, als ich in Claras sorgenvolle Augen schaue. Wir gehen ins Wohnzimmer und setzen uns aufs Sofa. So richtig wissen wir nicht, was wir mit dem angebrochenen Abend anfangen sollen.

»Vielleicht gehen wir auch einfach ins Bett«, sagt Clara. »Damit wir morgen fit sind.« Während wir noch nach dem Antrieb suchen, um vom Sofa aufzustehen, hören wir das Geräusch, das wir nur allzu gut kennen und das uns durch Mark und Bein fährt. Maxi spuckt.

Aber dieses Mal ist es anders. Denn bisher hat sie noch nie im Schlaf gespuckt. Mit wenigen Schritten sind wir bei ihr. Sie ist aufgewacht, scheint aber im Gegensatz zu uns wenig erschrocken. Während Clara sie auf die Seite dreht, damit sie sich nicht verschluckt, greife ich zu den Wickeltüchern, um ihr das Erbrochene erst mal ein wenig aus dem Gesicht zu wischen. Schweigend nimmt Clara das Kind auf den Arm und geht mit ihr zum Wickeltisch im Wohnzimmer, einer antiken Kommode, einem Erbstück ihrer Großmutter, die wir umfunktioniert haben, um sie umzuziehen.

Ich bleibe am Bett stehen, mein Blick geht ins Leere. In meinem Kopf rasen die Gedanken, ich versuche alle Möglichkeiten durchzugehen, die als Ursache für dieses Problem infrage kommen, aber die Sorge um dieses kleine Wesen ist so groß, dass ich keinen klaren Gedanken fassen kann.

Ich gehe zu Clara und Maxi ins Wohnzimmer. »Zieh ihr mal nicht den Schlafsack an, ich gehe jetzt mit ihr in die Kinderklinik«, sage ich und streichle Clara dabei sanft mit der Hand über den Rücken.

»Das ist eine gute Idee«, antwortet sie und hat Maxi mit wenigen Handgriffen angezogen. Vorsichtig legt sie die kleine Maus in den Kinderwagen.

Draußen ist es mittlerweile dunkel, aber immer noch so warm, dass ein T-Shirt vollkommen ausreicht. Ich gehe zur Kinderklinik, denn zu Fuß ist der Weg genauso lang wie mit dem Auto. Nur, dass man vor der Klinik meist keinen

Parkplatz bekommt. Maxi liegt mit ihren wuscheligen dunklen Haaren, den Kopf leicht zur Seite gedreht, behütet unter einer leichten Decke in der Wanne des Kinderwagens. Sie ist wieder eingeschlafen und sieht wundervoll zufrieden aus. Aber mein Bauchgefühl lässt sich von diesem friedlichen Anblick nicht beruhigen.

An der Kinderklinik angekommen, grüße ich die Dame, die etwas schläfrig hinter der Glasscheibe am Eingang sitzt, und sage, ohne meinen Schritt zu verlangsamen: »Guten Abend, ich müsste einmal in die Notaufnahme.«

Als Antwort bekomme ich nur einen müden Blick.

Einige Flure und gläserne Doppeltüren weiter erreiche ich die Anmeldung der Notaufnahme. Eine ältere, erfahren wirkende Krankenschwester blickt von einem Schreibtisch hinter einer Glasscheibe auf, als ich an den Tresen trete. Ich begrüße sie freundlich, stelle mich vor und schildere unser Problem sowie die Sorge, dass das Kind sich in der Nacht an dem Erbrochenen verschlucken oder, noch schlimmer, es tiefer einatmen könnte.

Die Krankenschwester nimmt die Beschreibung regungslos hin. Kaum habe ich meine Ausführungen beendet, steht sie auf, geht ein paar Schritte auf mich zu und faucht mich vorwurfsvoll an: »Sie kommen um halb zehn abends mit einem spuckenden Kind in die Notaufnahme?«

Ich traue meinen Ohren nicht. Hat sie das gerade wirklich so gesagt? Voller Hoffnung bin ich ins Kinderkrankenhaus gekommen und anstelle von beruhigenden Worten entlädt diese Frau den Frust ihrer Spätschicht. Macht die das etwa mit allen Eltern so, die hier abends mit einem Anliegen kommen, das ihr nicht in den Kram passt? Ich richte mich ein wenig auf, vielleicht ist sogar ein kleines Räuspern zu hören, bevor ich ihr in ruhigen, aber unmissverständlichen

Worten klarmache, dass ich mir aus meiner Erfahrung als Arzt, aber vor allem auch als Vater durchaus zutraue, zu erkennen, dass mit diesem Kind etwas nicht stimmt. Dann füge ich noch hinzu, dass ich mir gerne ihren Namen notieren könne, für den Fall, dass sie uns abweise und dem Kind in der Nacht zu Hause etwas zustoßen sollte. Bevor sie also noch mehr Zeit unnötig ins Land gehen ließe, solle sie doch bitte so nett sein, mir den Anmeldebogen und einen Stift zu reichen und mich derweil schon einmal bei den ärztlichen Kollegen anzumelden.
Die Schwester ist diese Art einer Antwort sichtlich nicht gewohnt und scheint sich innerlich noch zu sortieren, ob sie nun auf Angriff gehen oder sich kooperativ zeigen soll. Doch meine Geduld ist mittlerweile aufgebraucht. Während sie noch mit sich selbst beschäftigt ist, sage ich in ruhigem Ton, der klar erkennen lässt, dass die Angelegenheit für mich geklärt ist: »Sie können mir dann jetzt den Anmeldebogen geben.« Ohne ein weiteres Wort reicht mir die Schwester den Bogen sowie einen Stift und verschwindet in Richtung Behandlungsräume.
Ich fülle das Papier rasch aus und schiebe den Kinderwagen sanft schaukelnd den Flur auf und ab, ohne den Tresen aus den Augen zu lassen. Es fühlt sich an, als würde Maxi das Schunkeln guttun und als ließe sich damit die Zeit dazu bewegen, schneller zu verstreichen.
Die Schwester kehrt mit Verstärkung zurück, man begutachtet meinen Auskunftsbogen und die Versichertenkarte. Die beiden Damen flüstern ein paar Worte miteinander, dann verschwindet die zweite Schwester wieder.
»Sind Sie *der* Dr. Wimmer?«, fragt meine ursprüngliche Ansprechpartnerin daraufhin mit leiserer Stimme als zuvor.

Ich verstehe die Frage nicht und schaue sie irritiert durch die Glasscheibe, die uns trennt, an.
»Wir würden Ihnen dann einen Wartebereich geben, wo Sie niemand erkennt und Sie nicht gestört werden.«
Bin ich hier bei der Versteckten Kamera? Ich drehe mich um, aber keine Menschenseele weit und breit. Außer der verschlafenen Empfangsdame und einem Paar, das hinter dem Haupteingang mit ihrer Tochter spielt, bin ich bisher niemand begegnet. Hat die noch alle Tassen im Schrank?, frage ich mich und hoffe im gleichen Moment, das nicht laut gesagt zu haben. Mit der nötigsten Fassung, die ich aufbringen kann, antworte ich: »Vielen Dank, aber das ist wirklich nicht nötig. Ich würde nur einfach gern jemanden aus dem Ärzteteam sehen, der einen zweiten Blick auf das Kind wirft. Bis dahin warte ich einfach hier.«
Die Krankenschwester nickt stumm und verschwindet. Stille. Maxi und ich warten im zeitleeren Raum, ich kann nicht sagen, ob wenige Minuten oder Stunden vergehen. Das Einzige, was uns umgibt, ist die erdrückende Ungewissheit.
Irgendwann öffnet sich am Ende des Flurs eine Tür und eine junge Frau in blauer Funktionskleidung schaut zu uns. Es scheint, als wolle sie uns zu sich bitten, also schiebe ich den Kinderwagen zu ihr.
»Guten Abend, ich bin die diensthabende Kinderärztin und würde mir Ihre Tochter einmal ansehen.«
Diese Worte sind wie ein Rettungsring, der mir auf stürmischer See zugeworfen wird. Es setzt ein Stück Erleichterung ein, aber eben auch nur ein Stück. Noch mal erkläre ich, wie die letzten Tage verliefen und welche Sorge Clara und ich haben. Die Ärztin hört gewissenhaft zu und stellt Fragen. Sie untersucht Maxi und nimmt ihr Blut ab.

»Sie können sie wieder anziehen«, sagt sie, nachdem sie fertig ist. Unter den wärmenden Strahlen der Heizlampe ziehe ich Maxi ihren Strampler an, während die Ärztin am Computer tippt. Als die Kleine wieder im Kinderwagen liegt, drehe ich mich zu ihr um und schaue sie fragend an.

»Das Kind hat nichts, soweit ich das erkennen kann«, resümiert sie und schaut mir dabei in die Augen.

»Wissen Sie, was die schlimmsten Worte waren, die ich als Arzt zu meinen Patienten sagen musste, als ich in der Radiologie gearbeitet habe?«

Die Ärztin schüttelt den Kopf.

»Die Menschen kamen mit der Hoffnung zu uns, dass man auf dem Röntgenbild, dem CT oder MRT endlich etwas findet, das nicht in Ordnung ist. Sie suchten eine Erklärung für ihre Beschwerden. Am verzweifeltsten, sodass sogar ich sie nicht beruhigen konnte, waren sie, wenn ich ihnen sagen musste: Wir können nichts finden.«

Der Rettungsring, den mir die Ärztin zuwarf, ist untergegangen. Ich kämpfe gegen das Gefühl der Hilflosigkeit an, von dem ich mir als Kind geschworen hatte, dass ich es nie wieder spüren wollte. Als ich wieder ein wenig Luft geschöpft habe, sage ich: »Genauso verloren fühle ich mich gerade. Denn mit der Kleinen stimmt etwas nicht.«

Mit dieser kaum noch erträglichen Ungewissheit mache ich mich auf den Heimweg. Clara und ich werden in dieser Nacht wieder kein Auge zumachen.

Augen verraten uns

4. August 2020, morgens

Ich wache auf, weil ich Schritte im Schlafzimmer höre, und spüre sofort eine bleierne Müdigkeit. Es war viel zu wenig Schlaf, wie jede Nacht. Bis in die frühen Morgenstunden habe ich gehorcht und überlegt, was Maxi haben könnte, und bin immer wieder aufgestanden, um nach ihr zu schauen. Sie atmete zwar tief und ruhig, wirkte aber, als sei sie ganz weit weg.

Als ich die Augen aufmache, sehe ich unscharf, wie Clara Maxi auf dem Arm hat.

»Und, wie geht es ihr?«, frage ich.

»Irgendwas stimmt nicht.« In Claras Stimme schwingt eine Mischung aus Irrglauben und unendlicher Sorge.

Mein Körper ist noch nicht im Hier und Jetzt angekommen, obwohl ich kerzengrade im Bett sitze. Ich blinzle mehrmals hintereinander, um klarer zu sehen. »Zeig sie mir mal«, sage ich und stehe auf, um Clara das Kind abzunehmen.

»Ihre Augen sind komisch«, sagt sie.

Ich sehe sofort, was sie meint. Maxis Blick ist nach unten gerichtet, die Regenbogenhaut, also der farbige Rand um die Pupille, halb im unteren Teil des Auges verschwunden. In der Medizin nennt man das Sonnenuntergangsphänomen und sofort kommen mir Vorlesungen und Examensantworten in den Sinn, die sich zu der Erkenntnis verdichten: Da stimmt wirklich etwas nicht. Ich überlege, wie viele Stunden es her ist, seit man uns in der Klinik mit den Worten »Das Kind hat nichts« nach Hause geschickt hat.

»Pack die Kleine in den Kinderwagen, ich gehe sofort mit ihr los«, sage ich und springe in meine Jogginghose, ziehe die erstbesten Schuhe an und schnappe mir mein Handy. Der Kinderarzt liegt genau zwischen uns und der Klinik, nur ein paar Minuten zu Fuß, da bin ich zehn Mal schneller bei ihm, als ein Krankenwagen bei uns ist.
Auf dem Bürgersteig schiebe ich den Kinderwagen mit einer Hand vor mir her, während ich immer wieder in die Wanne schaue: Maxi atmet, sie krampft nicht, ist stabil. In der anderen Hand habe ich das Handy und rufe den Kinderarzt an: »Nein, es kann nicht warten, das ist jetzt mal einer der Momente, wo ich sofort mit ihm reden muss.« Bis der Arzt selbst am Telefon ist, bin ich schon im Hauseingang des alten Hauses, nehme zügig die Stufen, ohne die Wanne des Kinderwagens beim Hochtragen zu sehr zum Wackeln zu bringen.
Tür auf. Rein in die Praxis.
»Gehen Sie gleich in die 2«, weist mich die Sprechstundenhilfe an.
»Lassen Sie mal sehen«, sagt der Kinderarzt beim Reinkommen mit ruhiger Stimme, nimmt Maxi vorsichtig hoch und untersucht sie. Ich erkläre in wenigen Sätzen, was vor wenigen Stunden im Kinderkrankenhaus gemacht wurde. »Ich rufe da jetzt an, melde Sie an und Sie gehen direkt in die Notaufnahme. Oder sollen wir einen Krankenwagen rufen?«, fragt er am Ende eher aus Freundlichkeit. Denn wir wissen beide, dass ich zu Fuß schneller bin.
Tür auf. Tür zu. Bürgersteig. Schneller Schritt, denn Rennen ist keine gute Idee mit dem Kinderwagen. Handy ans Ohr, Clara anrufen. »Ich bin auf dem Weg in die Klinik. Die müssen sie sich noch mal anschauen. Komm auch lieber mal dahin. Wir sind in der Notaufnahme.«

Nicht rennen! An der Klinik angekommen, höre ich die Frage der Empfangsdame, wo ich denn hinwolle, nur aus der Ferne, denn ich halte erst gar nicht an, sondern biege so schnell ich kann zur Notaufnahme ab. Das muss diesmal klappen, wo sie doch schon Bescheid wissen.

»Ist das Maximilia Wimmer?«, fragt mich die Krankenschwester hinter der Scheibe des Empfangstresens.

Ich nicke.

»Dann kommen Sie direkt mit.« Noch ein paar schnelle Schritte, eine letzte Tür und wir sind in einem großen Untersuchungszimmer, das genau neben dem Raum liegt, aus dem ich vor weniger als zwölf Stunden nach Hause geschickt wurde.

Eine weitere Krankenschwester kommt ins Zimmer. Während ich die Kleine wie ein rohes Ei aus der Wanne nehme und auf die Untersuchungsliege lege, sehe ich aus dem Augenwinkel zwei Ärztinnen. Ich brauche gar nichts zu sagen, ein Blick in Maxis Augen verrät alles. Unzählige Hände sind an ihr zugange, ziehen ihr den Strampler aus, bereiten an beiden Handrücken alles für einen Zugang vor. Ich kenne jeden dieser Handgriffe, habe sie selbst Tausende Male gemacht. Eine Hand reicht mir den Strampler, ich schnappe ihn reflexartig und stopfe ihn in meine Hosentasche.

Eine der Ärztinnen dreht sich zu mir und fragt: »Ist das jetzt einfach so aufgetreten? Hat sie vorher nichts gehabt?«

Meint die das ernst? Ich rutsche von der väterlichen Sorge in einen Ton, den man sonst nur von Chefärzten aus vergangenen Zeiten kennt. »Ist das eine ernst gemeinte Frage? Seit Wochen versuchen wir herauszufinden, was nicht stimmt. Dieses Kind haben drei niedergelassene Kolleginnen und Kollegen gesehen, man hat verschiedenste Dia-

gnostik gefahren und gestern Abend war ich mit ihr genau ein Zimmer weiter. Man hat mich mit einem angeblich kerngesunden Kind nach Hause geschickt.«
Große Augen.
»Die Kollegin aus der letzten Nacht wird ja wohl nicht mehr da sein, um Ihnen dazu etwas zu sagen. Vielleicht drucken Sie sich mal den Entlassungsbericht aus.« Es wird jemand geschickt, um das zu tun. Innerlich rolle ich mit den Augen, ohne meinen Blick von Maxi wegzubewegen.
»Die Anästhesisten sind gleich für die Aufklärung da«, informiert eine andere Stimme. Wieder eine andere sagt: »Wir würden gerne ein MRT vom Kopf machen.«
Die Tür geht auf, Clara kommt rein. Ihr Blick ist vor Schmerz verzerrt, als sie ihre kleine Tochter so auf dem Untersuchungstisch liegen sieht, immer noch tun unzählige Hände an ihr herum.
Wieder geht die Tür auf. Zwei Personen in grüner Funktionskleidung, wie man sie aus dem OP kennt, treten ein.
»Die ...«, sagt die Schwester.
»Ja, die Anästhesisten, danke, das sehe ich auch«, unterbreche ich sie, strecke die Hand entgegen, aber nicht zur Begrüßung, sondern weil ich auf einen Stift zum Unterschreiben der Aufklärungspapiere warte. Die beiden checken sofort, dass wir erstens die Dringlichkeit verstanden haben und zweitens einer von uns vom Fach ist.
»Ich trage sie rüber«, sage ich, kaum ist der Papierkram erledigt. Das mache ich, niemand sonst. Die Karawane zieht los, Clara neben mir, sie hält den kleinen Fuß von Maxi. Wieder ein Flur, Doppeltür, noch ein Flur, Wartebereich fürs MRT. Auf einmal passiert nichts mehr.
»Worauf warten wir denn jetzt?«, frage ich freundlich, aber bestimmt, nachdem ein paar Minuten vergangen und zwei

Mütter an uns vorübergezogen sind, die ihren Kindern erklärten, dass es dem kleinen Baby auf dem Arm ganz, ganz schlecht gehen müsse. Ob die nicht einfach mal für einen Moment nichts sagen können? Ich schaue auf Maxi. Sie hat schon was zur Beruhigung bekommen und schlummert tief. Bestimmt träumt sie etwas Schönes, versuche ich mir einzureden. Immerhin bekommt sie von all dem nichts mit.
Endlich, das MRT ist frei. Wir dürfen nicht mit rein, heißt es.
»Können wir zumindest mit an die Konsole?«, frage ich. Ich habe selbst lang genug an diesen Maschinen gesessen und weiß genau, wie sich der Lärm des MRTs anhört, wie lange die Pausen zwischen den Sequenzen sind und wie gebannt man auf den Monitor blickt, während die ersten Bilder reinkommen.
Das ginge nicht, wird mir gesagt. Gut. Es hat keinen Zweck, hier zu diskutieren. Hauptsache, es geht voran.
Ein schneller Kuss auf Maxis Stirn. Clara erwischt gerade noch ihre Wange für einen zarten Kuss.
»Das wird hier mindestens 45 Minuten dauern, wenn nicht länger. Geh doch eben nach Hause und packe ein paar Sachen für dich für die Nacht. Einer von uns wird hier mit Maxi einziehen müssen. Ich würde erst mal hierbleiben und ein Auge auf die alle haben«, sage ich zu Clara. »Und nimm doch auch alle Untersuchungsberichte und was wir sonst an wichtigen Unterlagen haben mit.«
Mit einem »O. k., bis gleich« dreht sich Clara auf dem Absatz um und verschwindet mit schnellen Schritten.
Ich gehe zurück zur Notaufnahme, wo bereits jemand den Kinderwagen am Empfang abgestellt hat. Sehr aufmerksam, denke ich und setze mich hin. Auf einmal bin ich

völlig allein. Der Kinderwagen vor mir verliert seine Konturen, so wie ein Bild an der Wand verschwimmt, wenn man lange genug auf einen Punkt starrt. Alle Eindrücke, Worte, Vermutungen und Anzeichen der letzten Tage und Wochen fügen sich schlagartig zusammen: Es steht nicht gut um Maxi.

Ich höre Schritte. Zwei Frauen in Arztkitteln kommen näher, die ich noch nicht kenne. Noch während ich überlege, ob ich sie nicht doch schon mal hier gesehen habe, sehe ich die Augen der beiden. In diesem Moment weiß ich mit absoluter Gewissheit: Es steht überhaupt nicht gut um Maxi. Ich springe auf und höre mich fragen: »Was ist es für ein Tumor?«

Die beiden sind für den Bruchteil einer Sekunde überrascht. Die eine Kollegin erklärt: »Es besteht der Verdacht auf einen bösartigen Hirntumor.«

»Was für einer?«

»Das können wir noch nicht sagen. Aber wir würden ihre Tochter direkt in die Universitätsklinik verlegen. Die Bilder werden gerade schon rübergeschickt. Wir würden hier aber die Sequenzen noch zu Ende fahren und ein paar weitere anfertigen, um die die Uniklinik gebeten hat.«

»Also dann noch mal etwa 40 Minuten?«

Wieder kurz ein überraschter Blick und ein Nicken.

»Gut, dann laufe ich eben nach Hause, meine Frau holt dort ein paar Sachen. Dass es ein Hirntumor ist, möchte ich ihr nicht am Telefon sagen. Ich bin zurück, bevor Sie fertig sind«, sage ich und schnappe mir den Kinderwagen. Jetzt, wo Maxi in der Röhre liegt und die Sequenzen knattern, habe ich noch einmal einen Augenblick allein mit Clara. Danach werden wir erst mal keine ruhige Sekunde mehr finden, um auf das zu schauen, was auf uns zukommen wird.

Kurz darauf schiebe ich den leeren Kinderwagen auf der Straße nach Hause. Eine große unsichtbare Faust packt mich und drückt zu. Ich kenne dieses Gefühl. Nicht noch einmal, denke ich halb fluchend, halb verzweifelt. Seit dem farblosen Märzmorgen vor dreiunddreißig Jahren habe ich Tag und Nacht alles darangesetzt, um der erbarmungslosen Faust des Universums nie wieder hilflos ausgeliefert zu sein. Aber genau diese Faust schlägt nun wieder mit aller Wucht zu.

Clara steht schon vor dem Haus und will gerade wieder zur Klinik. Als sie mich sieht, macht sie ein paar schnelle Schritte auf mich zu, irritiert, weshalb ich hier und nicht dort bin. Ich versuche zu lächeln, bis ich die letzten Meter geschafft habe und sie in den Arm nehmen kann, bevor ich es ihr sage. Abrupt bleibt sie stehen, legt den Kopf fragend zur Seite. Ich verstehe ihren Blick genau. Sie glaubt meinem Lächeln nicht. Ich schaffe es auch nicht mehr zu lächeln und mein Gesicht verzieht sich vor Schmerz. Ich schüttele den Kopf, obwohl ich es gar nicht will. Dann endlich bin ich bei ihr, nehme sie in die Arme und drücke sie ganz fest. Sie schluchzt herzzerreißend und bringt unter Tränen heraus: »Unsere arme kleine Maus!«

Die blasse Seelsorgerin

4. August 2020, abends

Der lange Flur auf der Intensivstation des Universitätsklinikums ist leer. Draußen ist es noch hell, die Sommersonne scheint in den frühen Abendstunden noch so stark wie in anderen Jahreszeiten mittags. Die schwarzen Streifen auf dem blauen Linoleum und den weiß gestrichenen Wänden erzählen stille Geschichten der Kranken, die in ihren Betten über den Gang geschoben wurden.

»Was glaubst du, wie lange wir noch warten müssen?«, fragt Clara.

»Keine Ahnung, ich habe das Zeitgefühl verloren. Wie lange ist sie denn schon weg?« Ich schaue auf meine Uhr und habe Mühe, die Stunden, die unsere Tochter bereits im OP ist, zusammenzurechnen. »Ich glaube, das wird noch dauern«, sage ich schließlich. Vor dem Eingriff konnten wir noch kurz mit der Neurochirurgin sprechen, mussten die Aufklärungspapiere unterschreiben und haben nur genickt, eigentlich immer nur genickt.

»Haben Sie verstanden, dass es sich wahrscheinlich um einen bösartigen Tumor handelt?« Nicken.

»Ohne eine Operation hat Ihre Tochter keine Chance.«

Wieder Nicken.

»Wollen Sie, dass wir die OP durchführen?«

Nicken.

Wir hatten kaum Zeit, uns von Maxi zu verabschieden. Während wir uns über ihr Bett beugten, spürten wir hinter uns die ungeduldigen Blicke der Anästhesisten, die das Kind endlich in den OP mitnehmen wollten, um ihm irgendwie zu helfen. Seit diesem Moment steht die Zeit still.

»Lass uns noch mal in den Aufenthaltsraum gehen, da können wir uns immerhin hinsetzen«, schlage ich Clara nach einer gefühlten Ewigkeit vor. Draußen ist es schon dunkel geworden.

»Ja, gleich«, antwortet Clara und starrt wieder in den Flur. Sie sieht dabei aus wie ein Kind, das an der Küste aufs Meer schaut, weil es auf die Rückkehr des Schiffes wartet, auf dem der Vater als Seemann unterwegs ist, und versucht, die Masten auszumachen, die sich langsam am Horizont erheben. Aus ihrem Blick lese ich die Hoffnung, dass sich die Tür zum OP-Trakt endlich einen Spalt öffnet.

»Sie haben ja gesagt, dass sie uns sofort Bescheid geben, sobald die OP durch ist.« Ich lege meinen Arm um sie. »Komm, lass uns eben einen Schluck Wasser trinken.«

»O. k.«, antwortet Clara im gleichen Ton wie vorher.

Gut, dann warten wir noch einen Moment, vielleicht geht die Tür doch noch auf. Nach einer gefühlten Ewigkeit nähern sich leise Schritte von hinten und werden langsamer, je näher sie kommen. Das sind nicht die hastigen Schritte von Menschen, die in einer Klinik an einem vorbeilaufen. Das ist jemand, der mit uns reden will. Ich drehe mich um, während Clara weiterhin wie hypnotisiert auf die Tür am Ende des Flures starrt.

Eine Frau mittleren Alters tritt auf uns zu, unauffällig gekleidet, mit einer viel zu blassen Gesichtsfarbe für den heißen Sommer, den, wie es sich anfühlt, alle anderen außer uns draußen genießen. Ihre Schuhe, die Hose, das Leinenhemd und die Weste darüber, die eher aussieht wie ein Schal, den Opernsänger tragen, wirken wie aus einem Dritte-Welt-Laden. An ihrem Hals baumelt eine Kette aus Holzperlen mit einem Kreuz und an der Weste oder was auch immer das ist hängt ein Mitarbeiterausweis der Universitätsklinik.

Oh, bitte nicht, denke ich, als die Dame leise, als wolle sie das Linoleum unter ihren Ökotretern keinen unnötigen Strapazen aussetzen, bei uns anhält. Während ich noch überlege, wie ich das drohende Gespräch abwenden kann – vielleicht würde ein leichtes Kopfschütteln reichen, gerade so, dass es nicht so abfällig wirkt –, holt die Dame kurz Luft und sagt: »Hallo, Sie müssen die Eltern der kleinen Maximilia sein.« In ihrer Stimme liegt so viel überstrapaziertes Einfühlungsvermögen, dass ich gerade lieber der Linoleumboden wäre.

Clara dreht sich in der Hoffnung auf Neuigkeiten ruckartig um. Ihre in der Drehung aufgebaute Körperspannung fällt in der Sekunde, als sie die Frau erblickt, zusammen. Ich wollte dich noch irgendwie warnen, sage ich in Gedanken zu ihr.

»Ja, das sind wir«, antworte ich.

»Ich bin hier im Team der Krankenhausseelsorge.«

Ach was. Vermutlich kommen jetzt gleich die Worte, die sie auf irgendeinem Empathieseminar in einem Kloster hinter Bielefeld gelernt und so sicherlich schon Hunderten von besorgten Eltern gesagt hat. Die reflexartige Antwort »Das ist ja schön für Sie, aber wir brauchen nichts« unterdrücke ich, weil ich die Hoffnung habe, dass sie vielleicht doch irgendwelche wichtigen Informationen über Maxis Zustand für uns haben könnte. Vielleicht gab es bei der OP Komplikationen und die Chirurgen haben die Seelsorgerin schon mal vorgeschickt, um uns auf das Schlimmste vorzubereiten.

»Gibt es denn etwas Neues?«, fragt Clara mit besorgter und gleichzeitig erwartungsvoller Stimme.

»Nein, ich weiß nur, dass Ihre Tochter Maximilia ...«

Ich weiß selbst, wie meine Tochter heißt.

»… im OP ist, da sie eine schwerwiegende Erkrankung hat.« Lieber Gott, bitte rufe diesen von dir gesandten Hilfssheriff zurück in sein kleines nach Duftkerzen riechendes Arbeitszimmer und sende uns stattdessen endlich einen Chirurgen, der uns sagt, wie es um Maxi steht, flehe ich in Gedanken ihren himmlischen Vorgesetzten an. Dann sage ich mit freundlichem Ton, in dem aber auch ein »Danke für das Gespräch« liegt: »Ja, das wissen wir. Wir möchten eigentlich nur erfahren, ob die OP durch ist.« Bestimmt hat sie auf dem Empathieseminar auch gelernt, wie man auf einen solchen Satz reagiert.
»Mhm«, antwortet sie bestätigend, immer brav abwechselnd, wie im Seminar geübt, Augenkontakt mit Clara und mir haltend. Die war bestimmt Kursbeste. »Das kann ich sehr gut verstehen.« Wie eine Callcentermitarbeiterin, die der erboste Ton des Anrufers, weil sein Paket immer noch nicht da ist, so schnell nicht aus der Ruhe bringt, spult sie ihre Phrasen nach Lehrbuch ab.
»Ach ja?«, entgegnet Clara. »Hatte Ihr Kind auch schon einen bösartigen Hirntumor und Sie wussten nicht, ob Sie sie es je wiedersehen werden?«
Das ist meine Clara, denke ich. Wir bemerken aber beide auch eine gewisse Kränkung in den Augen der Frau.
»Entschuldigung«, fügt Clara schnell hinzu, bevor die schlimmstmögliche Antwort – »Mir war es leider nicht vergönnt, Kinder zu bekommen, aber ich möchte mich anders in die Gemeinschaft einbringen« – kommen kann.
»Vielleicht hilft es Ihnen, wenn wir uns unterhalten, während Sie warten.«
Ja gut, mag sein, und wenn es nur die unendliche Wartezeit verringert. Ich drehe mich zu Clara, die mit einem Schulterzucken und einem müden Nicken einwilligt.

Wir begleiten die Seelsorgerin in einen Besprechungsraum und nehmen dort an einem Tisch Platz. Von draußen fällt warmes Abendlicht in das Zimmer, in dem die Frau noch blasser als in der sterilen Beleuchtung des Krankenhausflurs aussieht. Wie ist das denn möglich, denke ich, während ich die Frau erwartungsvoll angucke. Dann mal los, ich hoffe, da kommt jetzt was.

»Vielleicht mögen Sie mir einmal erzählen, wie es dazu gekommen ist, dass Sie heute hier sind«, schlägt sie vor, wieder mit wechselndem Blick zu Clara und zu mir.

Da haben Sie auf Ihrem Seminar wohl nicht aufgepasst, liegt es mir auf der Zunge, aber Clara ist schneller und erzählt in wenigen präzisen Sätzen, was bisher passiert ist. Währenddessen schaue ich auf mein Handy und überlege, was ich wem aus der Familie und dem Freundeskreis als Nächstes per WhatsApp schreiben soll, weil sich ja alle Sorgen machen. Deshalb schicken Clara und ich uns gegenseitig Kopien der Nachrichten, die wir versenden, damit der andere sie auch an jemand weiterleiten kann der auf Neuigkeiten von uns wartet.

»Und jetzt sind wir hier«, beendet Clara ihre Zusammenfassung. Punkt!

»Bevor wir nun darüber sprechen, wie es uns dabei geht«, sage ich mit leicht spöttischem Unterton, »wäre es für uns sehr hilfreich, wenn Sie uns einen Rat geben könnten, was Eltern in einer solchen Situation hilft.«

»Nun ja, das ist natürlich nicht leicht zu …«

»Das ist uns schon klar«, unterbreche ich sie. »Aber Sie haben doch schon eine Menge Menschen in so einer Ausnahmesituation gesehen. Was ist denn aus Ihrer Erfahrung etwas, das uns jetzt weiterhilft?«

Dieses Mal schaut Clara auf ihr Handy.

»Richten Sie eine WhatsApp-Gruppe ein«, kommt es auf einmal wie aus der Pistole geschossen.
Das hat sie aber nicht im Gesprächskreis im Kloster gelernt.
»Die meisten Eltern wollen ja ihren Lieben mitteilen, wie es dem Kind geht. Und irgendwann verbringen sie nur noch Zeit damit, die Nachrichten einzeln zu versenden. Am Anfang geht das noch, aber spätestens nach ein paar Tagen wird das zu viel.«
»Aber kommt das nicht irgendwie komisch rüber?«, frage ich, weil eine WhatsApp-Gruppe zwar irgendwie logisch klingt, es sich aber seltsam anfühlt, Maxis Gesundheitszustand wie ein Urlaubsupdate vom Hotelpool zu verschicken.
»Sie haben doch gerade ganz andere Sorgen, da sollte das Kopieren und Versenden von Nachrichten nicht dazugehören. Und Sie entscheiden, wer in die Gruppe kommt. Überlegen Sie sich genau, wen Sie einladen. Danach wird es eine große Erleichterung sein.«
Claras und mein Blick treffen sich. Wir nicken uns zu.
»Sie können ja auch einstellen, dass keiner antworten kann, das empfinden manche als angenehmer«, fügt die Frau hinzu.
»Dann müssen sich nicht alle mit Herzchen in den Kommentaren überbieten. Ich weiß nicht, wie lange ich die ganzen Herzchen, die ja gut gemeint sind, noch aushalte«, sagt Clara.
»Danke für diesen Tipp, vielen Dank«, sage ich und stehe auf, weil ich herausfinden will, ob es schon was Neues aus dem OP gibt.
»Vielleicht trinken wir kurz noch einen Schluck Wasser«, schlage ich Clara auf dem Weg zurück zur Intensivstation vor. Wir machen im Aufenthaltsraum für die Eltern, deren Kinder hier liegen, halt.

»Ich würde dann mal anfangen, die Gruppe zu bauen«, sagt Clara und tippt auf ihrem Handy die ersten Namen ein. »Da hatte sie dann ja doch einen guten Tipp für uns«, fügt sie noch an.
»Die besten Tipps gibt es eben im wahren Leben und nicht im Seminar hinter Bielefeld«, murmle ich.
»Was?«
»Ach nichts«, antworte ich und streiche Clara mit der Hand über den Rücken. Man nimmt eben aus jeder Begegnung etwas mit, manchmal sogar, wenn man es am wenigsten erwartet.

Henkersmahlzeit

7. August 2020

Clara und ich verlassen die Universitätsklinik durch die gläserne Schiebetür. Die Sommersonne kennt an diesem Tag keine Gnade, schon in der Sekunde, in der wir den ersten Schritt auf die Steine vor dem Gebäude setzen, spüre ich die heißen Strahlen wie tausend kleine Nadelstiche auf der Haut. Es ist ein komisches Gefühl, nach Stunden auf der Intensivstation in die Hitze des Tages zu kommen, innerlich bibbernd und steif bis in die Körpermitte, weil die Klimaanlage auf der Kinderintensivstation unerbittlich bläst. Die Beine müssen sich erst noch an die Schritte gewöhnen, nachdem wir sechs Stunden an Maxis Bett gesessen haben, die ganze Zeit auf ein kleines Zeichen hoffend, dass sie endlich aufwacht. Vielleicht eine zarte Augenbewegung oder ein Zucken in einer ihrer kleinen

Hände. Maxi liegt seit drei Tagen in einem tiefen, künstlich erzeugten Koma, um dem Gehirn die Möglichkeit zu geben, die erste OP und eine weitere Not-OP in der darauffolgenden Nacht zu verarbeiten und zu heilen. Wir hoffen, dass der Hirndruck endlich wieder normale Werte erreicht.

Clara blinzelt neben mir wie eine Gefangene, die nach langer Zeit in einem dunklen Verließ das erste Mal wieder Tageslicht erblickt.

»Unglaublich, wie hell es ist. Eine schöne Idee, dass wir das jetzt machen.«

Ich habe einen Tisch für ein spätes Mittagessen in einem kleinen, feinen Lokal direkt um die Ecke reserviert, nachdem uns das Team der Intensivstation in den vergangenen 72 Stunden immer wieder nahegelegt hat, dass wir auch mal eine Pause bräuchten, und zwar nicht alleine, sondern zusammen. Einmal durchatmen, die kleine Maus sei ja gut versorgt.

»Wie normale Menschen etwas essen und am Leben teilnehmen«, antworte ich. »Das schaffen wir schon. Die Ablenkung wird uns guttun. Wir reden einfach nur über völlig belangloses Zeug und gucken uns die Leute an.«

Clara lacht. »Ja, herrlich!«

Nur wenige Minuten später stehen wir an der lebhaften Kreuzung im schicken Eppendorf und warten geduldig, bis das grüne Männchen der Fußgängerampel aufleuchtet, damit wir auf die andere Straßenseite in den kühlen Schatten der Alleebäume kommen. Dort liegt auch das kleine Restaurant.

»Das könnte auch Italien oder Südfrankreich sein«, sagt Clara mit einer Stimme, aus der ich eine vorsichtige Vorfreude heraushöre. Unter der ausgefahrenen Markise stehen kleine Bistrotische. Fast alle sind mit Gästen besetzt, die sich unterhalten oder einen Schluck gekühlten Weißwein trinken. Nur ein Tisch ist frei. Das ist unserer, denke ich ein wenig stolz, dass mir die Idee mit dem Restaurant gekommen ist und diese kleine Oase nun auf uns wartet.

Ein Kellner führt uns zu unserem Tisch und wir setzen uns fast etwas ungläubig hin. Er schenkt uns als Erstes kaltes Wasser ein. Die Luftbläschen steigen spielerisch in den Gläsern auf.

»Wenn Sie möchten, kann ich Ihnen schon mal sagen, was wir heute Besonderes auf der Tageskarte haben.«

Wir bestellen verschiedene Köstlichkeiten und lehnen uns das erste Mal am Tag zurück. Clara schließt die Augen und atmet tief durch. Ich kann regelrecht spüren, wie sie versucht, wenigstens für diesen einen Moment die tausend Gedanken an Maxi auf der Intensivstation abzulegen. Ich nehme ihre Hand.

»Sie ist stabil und schläft jetzt tief und fest. Komm, wir reden mal über ...«, ich überlege, »... über das, was unsere Freunde wohl in diesem Coronasommer mit ihren Urlaubsplänen machen.«

Wir spinnen ein bisschen vor uns hin und mit jedem Satz fällt ein wenig Anspannung von uns ab.

Der Kellner bringt die Vorspeisen: gegrillte Garnelen, einen kleinen Salat aus Artischocken, frischen Tomaten und Oliven, getrocknete Tomaten und köstliches Brot.

»Das ist wirklich wie Italien«, sage ich und schaue zu Clara, die zaghaft zu überlegen scheint, welche der Leckereien sie als Erstes genießen will.

»Das sieht einfach alles köstlich aus.«

»Wir können ja auch noch nachbestellen.«

Das bringt uns beide zum Lachen.

Wir probieren eine Delikatesse nach der anderen. Alles fühlt sich nach Urlaub an: die Sommersonne, der reich gedeckte Tisch und der Lavendel, der von einem kleinen Holztresen zu uns herüberduftet.

Ich lehne mich wieder im Stuhl zurück und beobachte Clara. Auch wenn wir bisher wenig in der Sonne gewesen sind, tummeln sich auf ihrer Nase ein paar Sommersprossen. Mit eleganten Bewegungen präpariert sie sich auf der Gabel den nächsten Bissen aus Leckerbissen und führt sie zum Mund. Sie merkt, wie ich sie anschaue, und wirft mir ein liebevolles Lächeln zu. Dann konzentriert sie sich wieder auf ihren Teller, um ein Stück der getrockneten Tomaten aufzuspießen.

Das Handy klingelt. Mein Atem kommt wie jedes Mal ins Stocken, weil ich mich sofort frage, welche Botschaft dieses Mal hinter dem halbfröhlichen Klingelton stecken könnte.

Ich greife in die Hosentasche, ziehe das Telefon raus und sehe auf dem Display eine Nummer, bei der ich sofort weiß, woher der Anruf kommt. Mittlerweile kenne ich die Telefonnummer der Universitätsklinik, auch wenn es bei den diversen Durchwahlen noch hapert. Sie abzuspeichern lohnt sich nicht, da ein Rückruf auf einem der Apparate, auf Station, in den Arztzimmern und Fluren verstreut, meist ins Leere läuft, wie ich aus meiner eigenen Zeit im Krankenhaus weiß.

»Alles in Ordnung?«, frage ich, ohne meinen Namen zu nennen oder Hallo zu sagen.

»Ja, wir würden aber gerne mit Ihnen und Ihrer Frau reden«, sagt der Arzt der Intensivstation.

»Was gibt es denn zu besprechen?« Mein Herz klopft bis zum Hals.

»Darüber reden wir dann um 14 Uhr, wenn das bei Ihnen passt.«
Clara hat Gabel und Messer auf ihrem Teller abgelegt. Auf der Gabel steckt noch die getrocknete Tomate. Sie sitzt auf der Stuhlkante, bereit wie ein Sprinter im Startblock, um zurück zur Klinik zu rennen.
»Und?«, fragt sie. Die Anspannung in ihrer Stimme ist nicht zu überhören.
»Die wollen sich gleich noch mal mit uns unterhalten.«
Ich schaue nicht von meinem Handy auf, weil ich erst mal meine Gedanken sortieren muss. Worum könnte es bloß gehen?
»Vielleicht gibt es ja auch mal eine gute Nachricht«, sagt Clara mit einem bemüht optimistischen Ton.
Ich lächle, obwohl mir nicht danach zumute ist. Vielleicht handelt es sich ja doch um einen weniger bösartigen Tumor und vor uns liegt nun eine, wenn auch lange und beschwerliche Reise der Heilung. Irgendwie fühlt es sich in meinem Inneren aber nicht nach Hoffnung an.
Wenn ich als Arzt etwas in den vielen Jahren in Notaufnahmen und Stationen über solche Anrufe gelernt habe, dann ist es, dass sie eigentlich nie gut sind. Klingelt das Telefon, sind die Nachrichten schlecht. Das mag in Krankenhausserien im Fernsehen anders sein, aber im wahren Leben ist es nun mal so. Und sollten die Neuigkeiten doch einmal gut sein – wie etwa »Ihr Mann hat die OP gut überstanden« –, dann werden diese Worte auch sofort ausgesprochen. Mediziner sind keine Entertainer, die wie der Moderator in einer Quizshow versuchen, eine künstliche Spannung aufzubauen. Sie kommen sofort auf den Punkt. Tun sie das am Telefon nicht, ist das ein schlechtes Zeichen.

Wir bekommen nichts mehr runter und starren schweigend vor uns hin, in Gedanken alle Möglichkeiten des anstehenden Gesprächs durchspielend.
Der Ober kommt an den Tisch. »Schmeckt es Ihnen?«
Ich nicke und bestelle eine weitere Flasche Wasser. Mir ist im wahrsten Sinne des Wortes der Bissen im Halse stecken geblieben. Eine allmächtige Hilflosigkeit lähmt mich. Das Lachen, die kleinen zärtlichen Gesten und Worte zwischen Clara und mir sind einer Stille gewichen. Der Kellner kommt wieder an den Tisch, wo die vollen Teller vor uns stehen.
»Ist alles in Ordnung?«
Clara ringt sich eine freundlich zugewandte Höflichkeit ab: »Es ist einfach ein wenig zu heiß.« Und nein, er müsse uns das Essen nicht einpacken. Wir würden gerne zahlen.
Der Weg zurück zum Krankenhaus fühlt sich an, als würden wir durch hüfthohes lauwarmes Wasser waten, das jeden unserer Schritte bremst. Nur unter Aufbringung aller Kräfte schaffen wir es, einen Fuß vor den anderen zu setzen. Ich habe das Gefühl, zu meiner eigenen Hinrichtung geführt zu werden, und spüre, wie hinter der Eingangstür der Klinik das Ende auf uns wartet. Meine Gedanken stolpern im unregelmäßigen Takt meiner Schritte zurück zum Essen. Ob wohl jemals einem Menschen, der das Ende unmittelbar vor sich sieht, das letzte zugestandene Essen, die sogenannte Henkersmahlzeit, wirklich geschmeckt hat? Wieso denken wir eigentlich, dass ein gutes Essen irgendetwas ändern, besänftigen oder erträglicher machen kann? »Komm, hau noch mal richtig rein! Danach ist es eh vorbei!«, sagt der Wärter zu dem Todgeweihten, bevor er hingerichtet wird. Soll das etwa die grausame Endgültigkeit des Seins lindern?

Vor dem Eingang der Uniklinik bleiben wir noch einmal stehen und atmen tief ein. Dann betreten wir mit bewussten Schritten die Eingangshalle. Was immer gleich auf uns zukommt, wir werden es mit aufrechter Haltung und breiter Brust entgegennehmen. Wir haben die Gewissheit akzeptiert, dass uns gleich eine unheilvolle Nachricht überbracht wird, und sind bereit. So bereit, wie wir eben sein können. Denn unsere kleine Tochter braucht jetzt unsere breiten Schultern und keine geschlagenen Eltern.
Als wir in Maxis Zimmer ankommen, wird die Kleine gerade wieder für eine Untersuchung vorbereitet. Vermutlich würde man uns wie schon so oft aus dem Zimmer schicken. Deshalb geben wir direkt am Empfang der Station Bescheid, dass wir vor dem Besprechungsraum warten.
Wie die Reiter der Apokalypse taucht am Ende des Flures eine ganze Entourage an Ärztinnen und Ärzten und Pflegepersonal auf. Alle treten in den Besprechungsraum und begrüßen uns höflich. Claras Körperhaltung zeigt ganz klar: Fakten auf den Tisch und dann wird entschieden, wie es im besten Sinne für dieses Kind weitergeht. In knappen, präzisen Worten teilt man uns mit, dass es sich um einen der aggressivsten Hirntumore im Kindesalter handele, der im Alter von Maxi äußerst schwierig zu therapieren sei. Die diversen schweren Komplikationen, die mit den operativen Eingriffen einhergegangen seien, würden die Chancen einer Behandlung zusätzlich schmälern.
Solche Sätze fallen selbst den versierten Ärztinnen und Ärzten nicht leicht. Ich habe fast das Gefühl, sie sind in so großer Anzahl erschienen, um sich auch gegenseitig zu unterstützen. Sie wirken sichtbar erleichtert, kaum sind die Worte ausgesprochen.

Wir versuchen, die Fassung zu behalten, und stellen in möglichst sachlichem Ton einige Fragen. Was für ein Segen, dass Clara und ich die gleiche ruhige Art haben, mit all diesen schlimmen Informationen umzugehen, und zu den gleichen Entscheidungen kommen.

Während einer der Ärzte fast etwas hilflos ausführt, was man »theoretisch, auch wenn es sich als durchaus frustran herausstellen könnte« an möglichen Behandlungen anbieten könne, kommt in mir die Angst hoch, dass hier das Ende sein könnte.

Hallo Ihr Lieben,

in den letzten Tagen haben wir auf unterschiedlichen Wegen im Einzelnen mit Euch geteilt, wie es aktuell um Maxi steht. Für Eure Anteilnahme danken wir Euch sehr! Künftig möchten wir Euch in dieser Gruppe am aktuellen Verlauf teilhaben lassen. Bitte kommentiert unsere Nachrichten in der Gruppe in keiner Form. Sie dient uns als Weg der Information, der es uns erleichtert, Euch im Bilde zu halten. Losgelöst von dieser eher nüchternen Informationsquelle, schätzen wir den individuellen Austausch mit Euch sehr und werden diesen in den kommenden Wochen und Monaten auch brauchen.

So eine Gruppe ist nicht für jeden etwas. Wir haben vollstes Verständnis, wenn Ihr die Informationen nicht auf diesem Wege erhalten möchtet und dement-

sprechend wieder aus der Gruppe austretet. Auch im Verlauf ist das kein Problem. Ihr solltet Euch nicht zusätzlich damit belasten.
Heute möchten wir Euch noch eine kurze Zusammenfassung von dem geben, was wir bisher wissen. Wir haben zwei Baustellen: den Hirntumor und mögliche Hirnschäden, die durch den zu hohen Druck im Kopf vor und leider auch nach der OP entstanden sind. Maxi hat einen sehr seltenen atypischen teratoiden, rhabdoiden Tumor – abgekürzt ATRT. Dieser konnte operativ so weit gut entfernt werden. Im MRT sieht es zudem erst mal so aus, dass er nicht gestreut hat, es also nur den einen Tumor im Gehirn und keinen weiteren im Rückenmark gibt. Leider kommt es bei diesem aggressiven Tumor häufig zu Rezidiven. Er kann also wieder an der gleichen oder einer anderen Stelle auftreten. Sobald es Maxis Zustand erlaubt, folgt im nächsten Schritt eine Chemo. Bestrahlt wird in dem jungen Alter noch nicht, da die dadurch verursachten Schäden nicht in Relation zum Nutzen stehen.
Durch den erhöhten Hirndruck bis zur Diagnose, den operativen Eingriff sowie einige Komplikationen und die darauffolgende weitere Not-OP wurden Bereiche des Hirns geschädigt. Wie schwerwiegend und dauerhaft diese Schäden sind, kann erst im Verlauf festgestellt werden. Das wird sicherlich ein bis zwei Wochen dauern.
Aktuell ist Maxi stabil und hat keinerlei Schmerzen.

Damit sich das Gehirn erholen kann, wurde sie in ein künstliches Koma versetzt. Je nach Zustand entscheiden die Ärzte, wann sie daraus zurückgeholt wird. Maxi wird im Universitätsklinikum sehr gut versorgt: Wir können jederzeit zu ihr. Weiterer Besuch ist aufgrund der aktuellen Coronasituation nicht möglich.
Alles Liebe Clara & Johannes

WhatsApp | 8. August 2020, 11:29 Uhr

So wie man aussieht, wird man auch behandelt

9. August 2020

Einer meiner besten Freunde in der Grundschule hieß Niki und wohnte mit seinen Eltern und Geschwistern in einem unfassbar großen Haus. Ich liebte es, durch das gigantische Tor des Anwesens zu gehen, das sich automatisch öffnete, kaum hatte ich geklingelt. So muss es sich für einen Ritter im Mittelalter angefühlt haben, wenn er zur sicheren Burg Eintritt gewährt bekam, indem sich das Tor wie von Geisterhand über den Wassergraben senkte.
Nach der Schule und den Hausaufgaben trieben wir uns in dem großen Haus herum, in dem es immer wieder

neue Zimmer, Gänge und verborgene Winkel zu entdecken gab. In selbst gebauten Höhlen erzählten wir uns Gruselgeschichten, spielten Fangen und Verstecken. Einmal dachte ich: Was, wenn mich keiner mehr findet? Oder noch schlimmer, wenn ich selbst nicht mehr zurückfinde zu meinem Freund?

Das Bemerkenswerteste an Nikis Familie war jedoch nicht das große Anwesen, sondern dass Eltern und Kinder bei allem, was es im und ums Haus zu tun gab, mit anpackten. Im Herbst bestand ein Spielnachmittag für uns Kinder oft aus vier Stunden Laubharken und -abtransportieren, meist belohnt mit köstlichem Kuchen und Kakao. Verabredungen, Hausaufgaben oder irgendwelche Ausreden zählten nicht als Entschuldigung. Und so passierte es regelmäßig, dass auch ich eingespannt wurde, wenn ich vorbeikam, um Niki zum Kino oder Eisessen abzuholen.

Selbst wenn ich vorher anrief, um zu fragen, ob die Luft rein sei, kroch Niki dann zum Beispiel fluchend, aber trotzdem gewissenhaft, wie er nun einmal ist, über die Rückbank des Autos seines Vaters und saugte die Polster ab, weil der Wagen zur Inspektion musste. Gemeinsam machten wir uns mit Eimer und Schwamm bewaffnet daran, das Auto zu waschen und zu polieren, anstatt wie geplant zur Eisdiele zu fahren. Nikis Worte waren dabei stets dieselben: »Papi sagt: So wie man aussieht, wird man auch behandelt.« Und deswegen musste die Karre blitzen.

So wie man aussieht, wird man auch behandelt. Daran denke ich jeden Morgen, wenn Clara und ich nach einer Nacht, die uns beiden keine Erholung gönnte, ins Krankenhaus fahren, wo unsere Tochter auf der Intensivstation liegt. Es ist uns beiden wichtig, der Herausforderung auch nach außen sichtbar mit geradem Rücken und Maxi als Zeichen der Zuversicht angemessen gekleidet zu begegnen. Manchmal, wenn wir den Ärzten und Ärztinnen oder den Pflegefachkräften in ihrer Uniform am Tisch gegenübersitzen, dient uns, was wir anhaben, fast als Rüstung. Kritisch nachzufragen oder wichtige Entscheidungen zu hinterfragen, funktioniert besser in einem Outfit, das klar signalisiert: Ich bin ein ernsthafter und ernst zu nehmender Typ. Während Clara vor allem elegante Sommerkleider trägt, habe ich eine eng geschnittene Stoffhose und ein frisch gebügeltes weißes Hemd an. Diese klassische Kombination besitze ich in sechs Ausführungen, die Hosen in unterschiedlicher Farbe, die Hemden alle weiß, Monate vorher bei einem typischen Männereinkauf im Laden erstanden, nach dem Motto: »Oh, das passt, bitte packen Sie mir sechs davon ein.«

Trotz der unglaublichen Hitze des Sommers macht dieses Outfit doppelt Sinn, denn auf der Intensivstation ist es aufgrund der nicht regulierbaren Klimaanlage so kalt, dass wir meistens noch eine dünne Daunenjacke überziehen müssen. Nach acht Stunden oder länger am Bett unserer Kleinen sitzend frieren wir gnadenlos. Die Mischung aus dem bewegungslosen Verharren an der Bettkante und der stetig am Rücken vorbeiziehenden kalten Luft hat zur Folge, dass wir irgendwann Mühe haben, aufzustehen. Jede Bewegung fühlt sich steif, ja wie eingefroren an.

Mein Zeitgefühl ist vollkommen verzerrt – auf der einen Seite will die Zeit nicht vergehen und auf der anderen rast sie so schnell vorbei, dass ich sie nicht zu fassen bekomme. Auch wenn die Sekunden, Minuten und Stunden auf der Intensivstation endlos scheinen, bin ich am Ende der Woche überrascht, dass kein frisches Hemd mehr im Schrank hängt. Erst als ich den Haufen Wäsche im Badezimmer sehe, wird mir klar: Eine ganze Woche ist rum.

Nach der Dusche ziehe ich jeden Morgen aus der rechten Hosentasche, die ich am Vortag getragen habe, Maxis kleinen, zusammengefalteten Strampler, den man ihr bei der Einlieferung ins Krankenhaus auszog. Er begleitet mich seither täglich ins Krankenhaus. Ich bin kein abergläubischer Mensch, dennoch tut es gut, mich an etwas von meiner Tochter festhalten zu können. Meist drücke ich ihn morgens, bevor ich das Haus verlasse, noch einmal an die Nase, um den wundervollen Geruch der kleinen Maus aufzunehmen. Danach falte ich ihn in der Luft zusammen – ich habe mir mal vor Ewigkeiten von einer Verkäuferin zeigen lassen, wie man das mit T-Shirts in der Luft macht – und stecke ihn etwas verstohlen in die Hosentasche, weil mir diese Sentimentalität ein bisschen peinlich ist. Aber ich bin mir sicher: Es wird der Moment kommen, wo Maxi den Strampler braucht.

Einen Engel vor dir her

10. August 2020

Mit dem für sie so typischen Lächeln, nie aufgesetzt, sondern immer ehrlich und von Herzen, empfängt mich Susanne Zingel vor der Universitätskinderklinik, als ich durch die gläserne Schiebetür trete, um sie abzuholen. Sie ist Pastorin, hat Clara schon konfirmiert und sich auf den weiten und bei dieser Hitze nicht ganz unbeschwerlichen Weg von ihrer Kirchengemeinde in Keitum auf Sylt, die sie als Pastorin mit viel Herzblut und der nötigen Weitsicht leitet, zu uns nach Hamburg aufgemacht, um Maxi zu taufen. »Ich bin dann einfach da« waren ihre Worte am Telefon, als ich sie fragte, ob sie das tun wolle.

Ob sie auch so lächelt, wenn es wirklich ernst wird, wenn ihr alles um die Ohren fliegt? Solche Momente muss sie doch eigentlich kennen: Ein Bräutigam, der vor dem Altar stehen gelassen wird. Eine ältere Dame, die allein im Altenheim stirbt. Oder ein Mitglied aus der Gemeinde, das vor lauter Wut Gift und Galle spuckt. Vielleicht lächelt sie dann auch so und alles wird ein wenig besser.

»Grüß dich, Johannes.«

»Schön, dass du da bist.« Während ich das sage, spüre ich die Vorfreude auf den besonderen Moment, der Anlass für ihren Besuch ist. In all dem Auf und Ab mit Maxi tut der Gedanke an eine fast normale Kindstaufe richtig gut. Heute machen wir es uns so richtig schön, erinnerungswürdig, bestärke ich mich mit innerer Bestimmtheit.

In der Eingangshalle des Krankenhauses empfängt uns die kalte Luft der Klimaanlage. Nach ein paar Treppen erreichen wir den kleinen Aufenthaltsraum mit Küchenzeile, der zu der Kinderintensivstation gehört. Dort wartet Clara schon auf uns.

»Ich freue mich so, euch zu sehen«, sagt Susanne. »Das letzte Mal wart ihr bei uns in der Kirche und ich habe noch vor Augen, wie ihr mit den Kindern in der ersten Reihe gesessen habt. Es war ein so vollkommenes Glück.« Sie lässt die Worte wirken und schaut uns an. Lächelnd.

»Herzlich willkommen«, antwortet Clara. »Wir können ein wenig Unterstützung von oben gebrauchen.« Auch sie ist froh und erleichtert, dass der heutige Tag ausnahmsweise mit einem positiven Höhepunkt gefüllt ist. Die letzte

Woche zog sich und bestand aus stundenlangem Warten, dass Maxi endlich aus dem Koma aufwacht, nach Hause fahren, zurückkommen, wieder warten, wieder nach Hause fahren. Und täglich grüßt das Murmeltier.
»Hast du alles, was du brauchst?«, frage ich und überlege, was man denn überhaupt für eine spontane mobile Taufe braucht. Ich krame in meiner Erinnerung, ob ich überhaupt schon einmal eine Taufe außerhalb einer Kirche erlebt habe.
»Na klar, es ist alles hier drin«, sagt Susanne und zeigt auf ihren schwarzen Rucksack. »Aber vor allem habe ich einen passenden Taufspruch gefunden.«
Ich warte da, dass sie gleich einen Zettel hervorzieht, aber sie zitiert aus dem Kopf: »Und siehe, ich sende einen Engel vor dir her, der dich behüte auf dem Wege.« Sie lässt die schönen und passenden Worte wirken. Dann erklärt sie uns: »Der Spruch geht eigentlich noch weiter« und fährt mit salbungsvoller Stimme fort: »Und bringe dich an den Ort, den ich bereitet habe.« Wieder macht sie eine kurze Pause und sagt dann: »Aber das klingt eher hoffnungslos. Und das sind wir ja nicht.«
So wie ihr Lächeln eine positive Energie ausstrahlt, so entwaffnend sind die ehrlichen Worte. Wir unterhalten uns noch eine Weile. Es tut gut zu reden, es wirkt so normal und von normal können Clara und ich eine große Portion gebrauchen.
»Dann lass uns doch mal reingehen«, sage ich schließlich. An der Tür zur Intensivstation drücke ich auf den Klingelknopf und warte, bis die Stimme aus dem kleinen Lautsprecher ertönt und fragt, wer wir sind. Es passiert aber nichts. Ich klingle noch mal. Wieder Stille. Da stimmt doch was nicht. An irgendeinem Bett wird etwas los sein und

die haben wahrscheinlich gerade anderes zu tun, als die Gegensprechanlage zu bedienen. Mich überkommt ein ungutes Gefühl. Bitte nicht jetzt!, schießt mir durch den Kopf. Auf einmal summt die Tür und springt auf.
Schnellen Schrittes gehe ich voran, die Vorahnung lässt mich nicht los. Jetzt nicht rennen und alle verrückt machen, sage ich mir und versuche meine Schritte unauffällig größer zu machen. Noch fünf Meter, dann kann ich vom Flur schon ins Zimmer schauen. Sekunden später sehe ich Maxi in ihrem Bettchen liegen. Die Mitarbeiter der Intensivstation stehen um sie herum. Wir waren doch gerade mal zehn Minuten nicht da! Das Gefühl, für einen Augenblick der Unachtsamkeit bestraft zu werden, trifft mich. Ich höre nicht auf, einen Schritt vor den anderen zu setzen, bis ich das Zimmer erreicht habe, wo der Chefarzt und weitere Ärztinnen und Ärzte sowie Pflegepersonal dabei sind, die Schläuche und Kabel, die Maxi versorgen, von der Wand ab- und an die mobilen Geräte, die am Bett hängen, anzustöpseln. Wortlos schaue ich dem Chefarzt in die Augen.
»Der Hirndruck. Sie muss noch mal in den OP«, erklärt er ruhig. Medizinisch verstehe ich, was er sagt, es gibt keinen Zweifel, dass es richtig ist, sie ein drittes Mal zu operieren.
»O.k., aber vorher wird sie noch getauft«, höre ich mich sagen, weil ich spüre, wie mir das Leben dieses kleinen Kindes wie Taufwasser durch die Finger rinnt.
»Wir müssen aber in den OP«, wirft ein Arzt im Hintergrund ein.
»Wie weit sind die dort denn?«, frage ich mit einer gewissen Schärfe zurück.
Gemurmel. Ich verstehe »ausgeleitet«, »Rückruf Anästhesie« und mir ist klar, da ist noch ein paar Minuten Luft.

Maxi wird eh vor dem OP warten müssen. Dann können wir sie auch noch taufen.
Als könnte sie meine Gedanken lesen, holt Susanne ihr Taufgewand aus dem Rucksack und wirft es sich im wahrsten Sinne des Wortes über. Die Bewegung wirkt so gekonnt, dass ich mich für den Bruchteil einer Sekunde frage, ob Geistliche so was üben wie Feuerwehrleute, an der Stange runterzurutschen.
»Dafür ist Zeit«, ordnet der Chefarzt an, weil er verstanden hat, dass wir hier keine endlosen Rituale durchziehen wollen. Er und sein Team tätigen die letzten Handgriffe an Maxis Bett, sodass es nach der Taufe sofort in den OP gehen kann. Alle treten einen Schritt zurück. Susanne bringt in ihrem beigen Gewand den Raum wie ein Engel zum Strahlen. Sie teilt das Meer der vor ihr stehenden Intensivmitarbeiter in blauer Funktionskleidung und stellt sich ans Bett. Clara und ich stehen neben ihr. Wir fassen uns an den Händen. Clara atmet tief ein und aus. Dann spricht Susanne ein paar Sätze, gefolgt von dem Taufspruch: »Und siehe, ich sende einen Engel vor dir her, der dich behüte auf dem Wege.«
Den wird sie jetzt auch brauchen, denke ich.
»Und jetzt lasst uns zusammen beten«, wendet sich Susanne an Clara und mich.
Ich schüttle den Kopf. Der Vater in mir hat seinen Frieden gefunden, jetzt übernimmt wieder der Mediziner, ob ich will oder nicht.
»Macht das bitte ohne mich«, sage ich und drehe mich zum Chefarzt, der an der Tür gewartet hat. »Wir können.«
Das Intensivteam geht auf Maxis Bettchen zu. Bevor die Bremsen gelöst werden, beuge ich mich zu meiner Tochter runter, küsse ihre seidig weiche Stirn und flüstere in ihr

Ohr: »Du darfst gehen, hörst du, mein Engel. Du darfst gehen. Grüß meinen Papa von mir.« Auch Clara streichelt sie noch mal. Eine Sekunde später rollen die Mitarbeiter das Bett davon und wir stehen zu dritt im Zimmer. Totenstille. »Kommt, lasst uns rausgehen«, sage ich nach einer gefühlten Ewigkeit.

Susanne nickt. Kein Lächeln. Sie geht über den Flur in Richtung Ausgang, Clara und ich folgen ihr Arm in Arm. Ganz ruhig. Auch wenn keiner von uns sich je an dieses Wechselbad von Emotionen gewöhnen wird, sind wir nach allem, was bisher passiert ist, doch etwas geübter, unsere Gefühle ein wenig zu kontrollieren. Ohne ein Wort zu sprechen, nehmen wir die Treppe, gehen durch die Eingangshalle und die gläserne Schiebetür hinaus in den Park, der gegenüber von der Klinik liegt. Dort herrscht sommerliches Treiben. Die Menschen liegen in der Sonne, unterhalten sich fröhlich, machen Sport. Wir setzen uns auf zwei leere Parkbänke, Susanne auf die eine, Clara und ich auf die andere. Die Sommersonne löst in mir keine Leichtigkeit aus, sondern drückt unerbittlich. Wir wechseln auf Bänke, die im Schatten stehen.

»Tja, das kam jetzt anders als geplant, mal wieder«, sage ich. »Gut, dass wir noch rechtzeitig reingegangen sind.« Clara bleibt stumm, mir fällt auch nichts mehr ein, was ich sagen könnte. Susanne klinkt sich in unser Schweigen ein. Wie durch einen Nebel dringen die Stimmen von Passanten und Geräusche aus dem Park zu uns durch. Zum zwanzigsten Mal checken Clara und ich, dass unsere Handys nicht auf lautlos gestellt sind. Die Zeit will nicht vergehen. Wie, nur fünf Minuten rum, stelle ich entsetzt fest, als die Uhrzeit beim Entsperren des Telefons aufleuchtet. Nach zwei Stunden halte ich es nicht mehr aus.

»Vielleicht gehen wir noch mal rein«, schlage ich Clara vor und scheine auszusprechen, was sie denkt. Wir stehen auf.
»Ich bleibe hier einfach sitzen«, sagt Susanne. »Wenn ihr mich braucht, bin ich da. Egal wann.«
Ich spüre, das meint sie auch genau so.
Wir gehen über den Kiesweg zur Klinik. Wie ein Magnet zieht uns Maxi dorthin. Stundenlang harren wir zwischen Bangen und Hoffen auf der Intensivstation aus. Ich schreibe Susanne, dass sie nicht auf uns warten soll, und bedanke mich für die Taufe. Draußen ist es schon dunkel, als Maxi in ihrem Bettchen in das Zimmer zurückgeschoben wird.

Die Medikamente, die Maxi im künstlichen Koma halten, werden jetzt langsam reduziert. Der Aufwachprozess kann über mehrere Tage gehen. Die Nacht war so weit ruhig, aber wir wissen nicht, was hinter der nächsten Kurve wartet. Erst mal sind wir aber voller Zuversicht, dass sie langsam aufwachen wird, und hoffen inständig, dass sie dann alleine atmen kann. Maxis Taufspruch passt heute ganz besonders gut.

WhatsApp | 11. August 2020, 11:41 Uhr

Die Medikamente, die Maxi im künstlichen Koma halten, werden jeden halben Tag weiter reduziert. Sie gibt jetzt vermehrt dem Beatmungsgerät ihre eigene Atemfrequenz vor. Hier und da sind auch schon kleinere Bewegungen der Hände und Füße zu sehen, die über einfache Reflexe hinausgehen. Dies sind äußerlich kleine, dennoch große Schritte, die sie meistert. Damit sie von dem Beatmungsgerät genommen werden kann, dauert es aber noch eine ganze Weile. Es braucht noch einige wesentliche Dinge, die sie können muss, zum Beispiel die sogenannten Schutzreflexe wie Husten. Wenn sich alles weiter so entwickelt, wird morgen überlegt, welcher Zeitpunkt passen könnte, um sie aus dem Koma zu holen.
Die MRTs ihres Köpfchens sind so ungewöhnlich, teilweise widersprüchlich und einige schlichtweg nicht zu erklären, dass uns hier nichts anderes bleibt, als zu warten und mit zeitlichem Abstand neue Bilder zu machen. Letztlich ist aber viel wichtiger, was sie uns an Bewegungen und Reaktionen zeigt als das, was man auf den Bildern aktuell zu sehen meint.
Für Clara und mich sind es sehr lange Tage und noch längere Nächte. Wir versuchen nun zunehmend, die Tage mit ein wenig Struktur zu füllen, was auch ganz gut gelingt.

WhatsApp | 13. August 2020, 13:26 Uhr

Zitat des Tages vom Neuropädiater aka dem selbst ernannten emotional schwerfälligen Tanker: »Also, da bin ich jetzt selber positiv überrascht!« Maxi fährt mit klarem Kurs voraus: Sie atmet mittlerweile ohne Tubus und bewegt mal mehr, mal weniger alle Extremitäten. Dazu wird geschmatzt, gegähnt und noch etwas müde geblinzelt. Also Grund zur Freude, auch wenn der Weg noch ungewiss, lang und beschwerlich ist. Heute sind wir der Chemotherapie zumindest einen Schritt näher gekommen.

WhatsApp | 14. August 2020, 18:30 Uhr

Das Baby aus der Diamantenmine

2004

Vom Fenster der Transportmaschine der südafrikanischen Luftrettung aus habe ich Mühe, die Landebahn auszumachen. Unter uns liegt Steppe, so weit das Auge reicht. Bis zum Horizont nichts als vertrocknete Erde und ausgedörrtes Gestrüpp. Ich suche die endlosen Weiten nach dem Flugfeld ab, auf dem wir landen sollen. Plötzlich tut sich ein planierter Streifen Erde auf. Während die Maschine dreht und wir uns im Sinkflug langsam dem Boden nähern, verschwindet das Rollfeld wieder aus meinem Blickfeld.

»Noch zwei Minuten bis zur Landung«, gibt der Pilot über Lautsprecher durch.
»Das ist eine Diamantenmine«, sagt die Krankenschwester namens Anne, mit der ich diesen Rettungseinsatz fliege. Sie beugt sich in ihrem Sitz nach vorn, damit ich sie bei dem Lärm der Maschine besser verstehen kann.
»Wer ist was?«, frage ich.
»Wir landen auf dem Flugplatz einer Diamantenmine«, wiederholt sie lauter und bewegt dabei ihren Kopf in Richtung Fenster. »Da draußen gibt es nichts außer Minen.«
»Ich dachte, wir holen ein Kind ab.«
»Das tun wir auch. Aber die Eltern arbeiten hier in der Mine.«
Mit diesen Worten setzt die Maschine kräftig, aber kontrolliert, wie Piloten gerne sagen, auf. Das Flugzeug ruckelt und vibriert. Wie kann es auch anders sein, denke ich, wir sind ja auch gerade auf einer Schotterpiste gelandet. Beim Ausrollen entdecke ich das Logo der Minenfirma auf den Hangars, den Gebäuden und den Fahrzeugen, die sich über den Flugplatz bewegen. Ein bisschen komme ich mir wie in einem James-Bond-Film vor, den ich mal als Kind gesehen habe.
Anne und der begleitende Arzt lösen ihre Sitzgurte und stehen auf. Ich schnalle mich so schnell wie möglich ab, um für die nötigen Handgriffe helfend bereitzustehen. Zu meiner Verwunderung sind die Bewegungen der anderen alles andere als zügig. Nach dem Aussteigen unterhalten sich Anne und der Arzt erst einmal freundlich mit einem älteren Herrn, der auf dem Rollfeld auf uns wartet. Er ist einer der ranghöchsten Mitarbeiter der Mine und koordiniert alle Transporte. Als ich mich zu der Gruppe geselle, nickt er mir freundlich zu und sagt: »Na, dann wollen wir mal.«

Wir steigen in einen Krankenwagen, der mindestens 50 Jahre alt sein muss, und fahren in gemütlichem Tempo zu der kleinen Krankenstation der Mine, die aus nicht mehr als einem Wartebereich, einem kleinen Behandlungsraum und einem Krankenzimmer mit drei Betten besteht.
Das Kind, das wir abholen sollen, ist nur wenige Monate alt. Es liegt im Wartebereich auf einem kleinen Bett mit Rollen, die Eltern sind nicht zu sehen. Zwei Krankenschwestern tragen seine Habseligkeiten zusammen. Der Arzt der Krankenstation kommt mit einem Kaffeebecher aus dem Behandlungsraum und begrüßt uns auf Afrikaans, das immer ein wenig wie Holländisch klingt, weshalb man die Sprache auch liebevoll Baby-Holländisch nennt.
Die Augen des Kindes sind geschlossen. Es schläft tief. An einer seiner kleinen Hände ist ein Zugang gelegt, von dem ein Schlauch zu einem Tropf an einem Ständer neben dem Bett führt. Am Kopf befindet sich etwas, das wie ein Gipsklumpen aussieht, aus dem ebenfalls ein Schlauch herausragt, der mit einer schmalen Flasche weiter unten am Ständer verbunden ist.
»Das ist eine Drainage, um den Druck im Kopf zu entlasten. Die wird hier halt noch gemacht wie in den 60er-Jahren, weil sie nichts anderes zur Hand haben«, erklärt Anne, die meinen verwunderten Blick gesehen haben muss. »Du kannst ja schon mal die Taschen raustragen und im Wagen verstauen«, weist sie mich kurz darauf an.
»Aber müssen wir uns nicht beeilen?«
»Wir machen hier alles in einem Tempo, bei dem alle mithalten können.«
Mir zerreißt es beim Anblick des Kindes innerlich das Herz. Mit mehr Tempo könnten wir auf dem Weg zurück ins Großstadtkrankenhaus sicherlich wertvolle Minuten gut-

machen. Nachdem ich alles in dem alten Krankenwagen verstaut habe, gehe ich zurück zu dem Grüppchen, das nun plaudernd unter dem Vordach der Krankenstation steht.
Jetzt lasst uns doch endlich losfahren, möchte ich ihnen am liebsten zurufen, aber es ist mehr als klar, dass ich damit niemanden auch nur einen Zentimeter bewegen würde. Also setze ich mich hinten in den Krankenwagen zu dem schlafenden Kind, nehme seine Hand und halte die Minuten, die verstreichen, mit ihm aus.
Endlich fahren wir los. Am Flugplatz helfen uns die Piloten mit gekonnten Handgriffen, die Krankentrage über die Ladeluke ins Innere des Flugzeugs zu heben. Noch bevor ich meinen Sicherheitsgurt schließen kann, läuft der Turbopropeller an. Wenige Minuten später sind wir in der Luft. Wieder sitze ich neben der Trage des Kindes und kann meinen Blick nicht von ihm abwenden. Anne und der Arzt haben die Geräte im Auge, die das Kind überwachen und dafür sorgen, dass die Medikamente in der richtigen Geschwindigkeit über den dünnen Schlauch in die kleine Hand laufen.
Der Rückflug wird wieder mehr als eine Stunde dauern. Die Zeit vergeht wie Wasser, durch das sich der kräftige Propeller nur schleichend voranquält. Nach einer gefühlten Ewigkeit tauchen die ersten Gebäude und Straßen auf. Die Außenbezirke von Kapstadt. Das Motorengeräusch ändert sich. Wir gehen in den Sinkflug. Die Landung auf dem asphaltierten Rollfeld des internationalen Flughafens ist sanft. Erleichterung macht sich in mir breit, wir sind unserem Ziel einen großen Schritt näher gekommen.
Am Hangar wartet schon ein Krankenwagen, nach dem uralten Pritschenwagen der Diamantenmine wirkt er mit seiner modernen Silhouette, dem Neonlack und den ele-

ganten Lichtern wie ein Gefährt aus der Zukunft. Die Sanitäter und das Bodenpersonal der Luftrettung verladen die Trage mit professioneller Geschwindigkeit in den Krankenwagen, der kurz darauf startet und sanft, aber bestimmt mit blinkenden Lichtern über das Rollfeld gleitet.
Ich schaue dem Wagen lange hinterher. Als ich noch einmal ins Flugzeug zurückgehe, um meine persönlichen Sachen zu holen, finde ich dort Anne, wie sie die Maschine für den nächsten Transport bereit macht. Sie lächelt mich an und scheint meine Gedanken lesen zu können.
»Weißt du, hier bei uns lernt man auszuhalten. Auch wenn man sich noch so sehr wünscht, dass etwas schneller geht, wird es das nicht tun, nur weil man es will. Wichtig ist, sich seine Kräfte einzuteilen und sie für die Momente aufzusparen, in denen man sie wirklich braucht.«

Maxi ist wach, die Augen haben noch ein lebhaftes Eigenleben. Vielleicht wirkt sie so überrascht, weil sie uns doppelt sieht. Wir merken an kleinen Veränderungen, wie zum Beispiel einem schnelleren Herzschlag, dass sie uns wahrnimmt. Es konnten heute weiter Medikamente reduziert werden. Auch zwei Zugänge wurden entfernt – also zwei Schläuche weniger. Die Füßchen können nun wieder munter strampeln.
Es war ein schöner gemeinsamer Sonntag. Clara und ich durften heute fleißig »mitversorgen«, also Windeln

wechseln, die Kleine regelmäßig in eine neue gemütliche Position drehen und Astronautennahrung füttern … Maxi schlummert nach diesem Tag nun tief und fest.

WhatsApp | 16. August 2020, 20:51 Uhr

Echt jetzt?!

18. August 2020

»Nimm doch das Fahrrad, du hast es ja nicht weit«, schlägt Clara vor.

Ich sitze an Maxis Bett auf der Intensivstation und streichle sie, während mich die Hummeln im Hintern plagen. Eigentlich will ich nicht von den beiden weg, aber die Dinge, die ich erledigen muss, stauen sich immer mehr auf. Mit dem Rad, das Claras Vater einen Tag zuvor am Fahrradständer der Klinik abgestellt hat, wäre ich nicht länger als eineinhalb Stunden weg. »Ihr sitzt die ganze Zeit im Krankenhaus, da tut es euch vielleicht gut, kleinere Erledigungen mit dem Fahrrad zu machen«, hatte er uns vorgeschlagen. Eine schöne Idee.

Es ist zwar brüllend heiß draußen, aber später kann ich ja wieder auf der eiskalten Intensivstation stundenlang abkühlen. Außerdem steht das Auto ewig weit weg und auf einem Fahrrad durch den sommerlichen Tag zu fahren ist eine viel verlockendere Aussicht, als ins heiße Auto zu steigen.

»Es steht ganz vorn«, gibt mir Clara zusammen mit dem Fahrradschlüssel auf den Weg.
»Alles klar. Ich beeile mich. Ein wenig Bewegung tut mir vielleicht ganz gut.« Ich küsse Clara auf die Wange.
»Wir laufen nicht weg«, sagt sie mit einem schmerzlichen Lächeln.
Wie schön wäre es, wenn wir Maxi einfach einpacken und weglaufen könnten. Ganz weit weg. Ich küsse die kleine Maus auf die Stirn. Ihre Augen sind geschlossen. Während meine Lippen noch auf ihrer weichen Haut sind, schiele ich rüber zu den Monitoren: Atemfrequenz, Pulswelle, Rhythmus, alles stabil.
»Sie wird sich für ihren Papi gut benehmen«, flüstert mir Clara ins Ohr.
Kann sie meine Gedanken lesen? Ich fühle mich fast ein wenig erwischt.
»Zumindest bis er wieder da ist«, ergänzt sie.
Uns rutscht ein kurzes Lachen raus, das so überraschend ist, dass mir Tränen in die Augen schießen. Für den Bruchteil einer Sekunde ist es, als würde ich durch ein Schlüsselloch schauen und das Leben sehen, wie es eigentlich sein könnte. Was gäbe ich darum, wenn Maxi sich einfach nicht benehmen, uns ärgern oder einfach nur meckern würde. Aber mittlerweile liegt sie wieder nur noch still da, die Hände regungslos neben sich auf der Decke.
Los jetzt, je schneller ich weg bin, desto schneller bin ich auch wieder zurück. Noch einen Kuss auf die Stirn, die Angst ist einfach zu groß, dass es der letzte sein könnte. Ich schnappe mir mein Handy und gehe mit einem »Ich beeile mich trotzdem« aus dem Zimmer. In der Tür drehe ich mich noch einmal um. Ich schaffe es, nicht auf die Monitore zu schauen, sondern zu Clara und der Kleinen.

»Wir werden hier sein«, verabschiedet mich Clara mit beruhigender Stimme.

Vor dem Eingang ziehe ich den Schlüssel aus der Hosentasche, um das Rad aufzusperren, aber der besagte Platz am Ständer ist leer. Das ist jetzt nicht wahr! Ich presse meine Kiefer aufeinander. Wie ein Bulle in der Stierkampfarena, der mit den Hufen scharrt, schnaube ich die letzte Luft aus meiner Lunge.

»Alter! Echt jetzt?!«, tobt eine Stimme in meinem Kopf. Sie beschwert sich beim Universum, beim Schicksal oder wer auch immer die Sterne so ungünstig ausgerichtet hat, dass ich jetzt hier vor dem Fahrradständer stehe und das Fahrrad ist weg. Was willst du mir damit sagen? Dass ich schon die ganzen letzten Runden nicht mehr der Chef im Ring bin, habe ich ja kapiert. Aber das mit dem Fahrrad ist einfach nur link. Soll ich jetzt etwa bei der Hitze zu Fuß einen Kilometer bis zum Auto laufen? Das geht doch alles von meiner Zeit ab. Außerdem brauche ich meine Kraft doch für Maxi. Ich verstumme innerlich und lausche. Da muss doch jetzt eine Antwort kommen. Eine Stimme aus dem Off. Aber nichts. Stille.

Luft holen. Einen klaren Kopf bekommen. Überlegen. Wer klaut denn bitte ein Fahrrad vor einer Klinik? Der Dieb hat wahrscheinlich noch nicht einmal eine Idee davon, was er angerichtet hat. Ich versuche mich zu beruhigen. Schließlich hat das eine nichts mit dem anderen zu tun. Man kann auch Läuse und Flöhe haben, kommt mir der alte Medizinerspruch in den Sinn, der immer dann gesagt wird, wenn die Beschwerden des Patienten nicht zu seiner Krankheit passen.

Normalerweise würde mich das geklaute Fahrrad aufregen. Aber für Wut habe ich gar keine Kraft mehr. Ich laufe eh schon auf dem Zahnfleisch. Ein komisches Bild, denke ich und muss fast schmunzeln. Wer auf dem Zahnfleisch läuft, hat zumindest keine Schmerzen von einem Loch im Zahn. Diese eine Runde geht an dich, liebes Universum, beende ich den Dialog mit meinem unsichtbaren Gegner. Dann drehe ich mich um und mache mich auf den Weg zum Auto. Vielleicht steht das zumindest noch da, wo ich es zuletzt geparkt habe.

Maxi gibt Euch mal ein kleines Update: Es wurde das erste EEG gemacht, um die Gehirnaktivität zu messen. Bei einem Kind, das noch voller Narkose- und Schmerzmittel ist, nicht unbedingt super aussagekräftig, aber Maxi hat es über sich ergehen lassen. Wie ein kleiner Astronaut auf der Vorbereitung zur Reise um den Mond. Das EEG zeigt Aktivitäten in allen Bereichen mit sogenannter geringer Amplitude – also eine gute Ausgangslage.
Ansonsten macht Maxi kleine Schritte. Mal wirkt es, als würde ein wenig mehr Ordnung in die Bewegungen der Äuglein kommen, mal ist der zupackende Griff der kleinen Händchen etwas beherzter. Langsam kommt auch der Herzrhythmus etwas zur Ruhe und ihre oft etwas wilde Körpertemperatur pendelt sich ein.
Sie ist aber noch sehr für sich und strahlt uns sozusagen versteckt hinter ihrem Pokerface von innen heraus an. Für uns sind die schönsten, aber auch

schwersten Momente die, wenn sie wach und doch irgendwie weit weg ist. Dann hoffen wir so sehr auf ein kleines Aufflackern in den Augen, ein zartes Lächeln oder ein leises Brabbeln. Wir üben uns in Geduld. In der tiefen Gewissheit, dass sie alles wahrnimmt, singen, blödeln und sprechen wir mit ihr, wie wir es von Anfang an gemacht haben.

WhatsApp | 20. August 2020, 3:44 Uhr

Ein paar Schritte im Paradies

29. August 2020

»Ich würde dir gerne was zeigen«, sage ich zu Clara, als wir am frühen Abend die Intensivstation verlassen.
»Möchtest du mir auch sagen, was, oder soll es eine Art Überraschung sein?«, erwidert sie mit einer müden Stimme. Den ganzen Tag haben wir am Bett bei Maxi gesessen. Nun wollen wir etwas essen und später noch einmal in der Klinik vorbeischauen, um gute Nacht zu sagen.
»Ich möchte mit dir an einen Ort, den ich sehr schön finde, der aber auch sehr traurig ist.«
Clara nickt.
Wir nähern uns dem kleinen alten Golf Cabriolet, das ich ihr vor einem Jahr zum Geburtstag geschenkt habe. Wie

eigentlich jeden Abend der letzten Wochen ist es so warm, dass wir das Verdeck öffnen können. Ich freue mich, den Motor anzuwerfen und loszufahren. Einmal wieder Kontrolle über etwas haben, und wenn es nur ein kleines Auto ist, denke ich und drehe den Zündschlüssel um. Der Wagen brummt selbstbewusst vor sich hin und wir passieren die lange Straße, die an der Universitätsklinik vorbeiführt. Vor uns liegt eine Fahrt von gut zwanzig Minuten. Es gibt kaum mehr Worte zwischen Clara und mir. Alles, was uns im Kopf herumgeht, scheint zu schwer, um es nach den vielen langen Tagen auszusprechen. Das Übrige ist zu unwichtig, als dass wir unsere wertvolle Kraft damit verschwenden wollen, darüber zu reden.
Der Wind wirbelt sanft durch unsere Haare und die Geräusche der Stadt säuseln in unseren Ohren. Clara legt den Kopf nach hinten und schließt die Augen. Ich bin froh, dass sie den Moment dieser vorbeirauschenden Ruhe ein wenig genießen kann.
»Ich würde dir gerne den Friedhof zeigen, von dem ich nicht weit entfernt aufgewachsen bin. Den fand ich als Kind schon so schön«, sage ich nach einer Weile. »Ich muss einmal wissen, wie es sich anfühlt, dorthin zu gehen.«
Wie schweigen ein paar Minuten.
»Das ist eine gute Idee.« Claras Stimme ist ruhig, aber kraftvoll, während sie das sagt.
Kurze Zeit später schlendern wir durch das große gusseiserne Tor des Friedhofs, der eher wie ein wundervoll angelegter Garten als ein trister Ort der Trauer wirkt. Vor einiger Zeit hatte ich dort einen Dreh für meine Fernsehsendung »Wissen ist die beste Medizin«. Dafür war ich ihn mehrmals abgelaufen und nun kenne ich mich ein wenig hier aus.

»Es gibt ein paar schöne Plätze, die zeige ich dir mal.« Ich führe Clara einen Weg entlang, der von opulent blühenden Bäumen gesäumt ist, vorbei an stilvollen Mausoleen und wunderschön gestalteten Gräbern.
»Das sieht hier ja aus wie in einem botanischen Garten«, sagt Clara.
An einer besonders schönen Stelle bleiben wir im Schatten der groß gewachsenen Bäume stehen und blicken uns um.
»Wie auch immer es mit Maxi weitergeht, dieser Ort steht für mich für den schlimmstmöglichen Ausgang. Deshalb wollte ich mit dir hierher, damit wir einmal versuchen, das Unbegreifliche zu erfühlen.«
»Es tut so weh, hier zu sein. Das Ende kann ich mir gar nicht vorstellen.« Clara macht eine lange Pause, bevor sie weiterspricht: »Aber wir würden es überstehen.«
Wortlos verweilen wir noch eine Zeit lang an diesem Ort. Das Abendlicht verliert sich in dunklen Tönen. Ich habe den Eindruck, Clara wartet, bis ich bereit bin zu gehen.
»Komm, lass uns fahren«, sage ich schließlich.
Arm in Arm gehen wir zurück zum Auto. Ich spüre eine kaum fassbare Trauer, die mich in die Tiefe ziehen will, und zugleich die Gewissheit, dass ich dem Höllenmonster namens Schicksal gerade in die Augen geblickt habe. Als sei ich soeben in die Höhle eines Drachen gegangen, hätte ihn geweckt und ihm gedroht: »Jetzt weiß ich, wie du aussiehst, und bin bereit, falls wir uns wiedersehen.«
Ich habe mir nämlich vorgenommen, mich vom Universum nicht rumschubsen zu lassen, sondern zu kämpfen. Dieser Gedanke richtet mich innerlich etwas auf. Jetzt weiß ich, was kommen könnte. Ein sichtbarer Gegner, auch wenn er noch so abscheulich sein mag, ist mir tausend Mal lieber als einer, der mich aus dem Hinterhalt überrascht.

Auf dem Heimweg schauen wir noch bei meiner Mutter im Garten vorbei, um nach einem langen Tag im Krankenhaus etwas zu essen. Gutes Essen hält »Leib und Seele zusammen«, sagte sie stets, wenn eines ihrer Kinder am Mittagstisch von seinen Sorgen erzählte. Unser Wunsch ist deftige Hausmannskost: Frikadellen mit Kartoffelpüree und Apfelmus oder ein Braten. Irgendwie gibt uns dieses Essen die nötige Kraft, um danach wieder zu Maxi auf die Intensivstation zurückzukehren.

»Warum seid ihr denn auf den Friedhof gefahren?«, fragt meine Mutter mit warmer Stimme, nachdem wir berichtet haben, wo wir gerade gewesen sind. Vielleicht fühlt sie sich an den viel zu frühen Tod ihres Mannes, meines Vaters, erinnert.

»Na, einen Kuchen backst du ja auch nicht erst, wenn die Gäste klingeln«, antworte ich mit einem kleinen Lächeln. »Den machst du vorher. Eigentlich ist es jetzt irgendwie genauso. Ich bin einfach gern vorbereitet. Auch wenn ich in diesem Fall hoffe, dass es nie an der Tür klingeln wird.«

Clara drückt meine Hand. »Wir haben jetzt zumindest eine Idee davon, wie es sich anfühlt, sollten sich die Dinge nicht zum Guten entwickeln.«

Guten Morgen, Maxi ist nach einem Wochenende, das sehr langsam verging, erneut auf dem Weg in den OP. Dieser neue Eingriff war eigentlich für Freitag geplant und musste dann aufgrund von Notfällen geschoben werden. Wenn alles gut geht, hat sie danach keine

Schläuche mehr außer dem für die Magensonde. Wir können sie dann auch endlich wieder auf den Arm nehmen. Das wäre ein großer Schritt für uns alle. Daumen dürfen gedrückt werden.

WhatsApp | 31. August 2020, 07:28 Uhr

OP ist durch – gut gelaufen. Maxi ist gerade auf dem Weg zurück auf die Intensiv. Da heißt es dann erst mal, wieder in Ruhe aufzuwachen.

WhatsApp | 31. August 2020, 10:54 Uhr

Maxi ist aufgewacht und konnte direkt vom Beatmungsgerät genommen werden. Sie muss sich noch etwas sortieren und in ihren Rhythmus kommen, aber es geht ihr gut.

WhatsApp | 31. August 2020, 15:39 Uhr

Der Magier

2. September 2020

Die Hoffnung auf Heilung ist erloschen, der Weg, der vor uns liegt, klar. Heute Morgen konnte ich mich kaum aus dem Bett aufraffen, habe es aber, ich weiß nicht wie, geschafft, mich anzuziehen. Jetzt betrete ich die Station

der Kinderonkologie mit einer alten Jeans, abgetretenen Sneakern, einem Sweatshirt und einem Baseballcap, um die verwuschelten, ungewaschenen Haare zu verbergen. In der Hosentasche drücke ich Maxis Strampler.
»Ich hätte Sie fast nicht erkannt«, begrüßt mich die Ärztin der Station.
In diesem Moment ist es mir egal, wie ich wahrgenommen oder behandelt werde, geschweige denn wie ich aussehe. Mein einziger Wunsch ist es, meine Tochter mit nach Hause zu nehmen, um zusammen mit Clara so viele innige Momente zu erleben, wie uns noch vergönnt sind.
»Ach, jetzt wäre es schön, wenn wir der Kleinen etwas von ihren eigenen Sachen anziehen könnten«, sagt die Pflegerin der Intensivstation beiläufig, die Maxi für den Umzug in die Kinderonkologie vorbereitet.
Das ist mein Auftritt. Wie ein Magier zaubere ich den kleinen Strampler aus meiner Hosentasche. Nachdem er mich auf unzähligen Wegen über die Flure der Intensivstation begleitet hat, fühlt er sich zart an, als sei er aus Seide gemacht. Von einem Moment auf den anderen sieht Maxi fast wieder wie ein normales Baby aus. Irgendwie haben Eltern ja die Fähigkeit, alles, was ihr Kind so schwer krank und aufs Äußerste gebeutelt aussehen lässt, auszublenden. In diesem Augenblick sehe ich nur den niedlichen kleinen Körper in dem Strampler, der schon von so vielen Kindern in unserer Familie getragen worden ist. Und es flammt in mir der fromme Wunsch auf, dass vielleicht doch alles wieder wie früher werden könnte. Schließlich hat sie ja wieder etwas Hübsches aus der Zeit vor ihrer Krankheit an – und so wie man aussieht, wird man doch auch behandelt.

Vorgestern sind wir nach mehr als vier Wochen auf der Intensivstation in die Kinderonkologie umgezogen. Es fühlte sich an, als würden wir eine Zeitkapsel verlassen und in der sehr ernüchternden Realität aufschlagen. Maxi hat in den letzten Tagen noch einmal umfassende Untersuchungen erhalten. Ihr Zustand wurde im Tumorboard mit Experten aller Fachrichtungen in allen Aspekten besprochen. Die einstimmige Einschätzung bricht uns das Herz: Maxi wird nicht von einer Chemotherapie profitieren. In der Medizin gilt als oberstes Gebot Primum non nocere. In erster Linie nicht schaden. Selbst bei ansonsten gesunden Kindern, die einen Tumor haben, fällt die Entscheidung für eine Chemotherapie aufgrund der schweren Nebenwirkungen nicht leicht. Bei Maxi steht fest, dass wir ihr insbesondere aufgrund der schweren irreversiblen Schäden in ihrem Köpfchen eine Chemotherapie nicht zumuten können. Nicht heute und auch nicht zukünftig. Diese Entscheidung zu treffen ist schwer, aber eine Chemo wäre ein Akt der Verzweiflung und würde bedeuten, dass Maxi noch mehr leiden muss.
Vor uns liegt also ein Weg trauriger Gewissheit, aber auch eine Reise, auf der wir Maxi nah bei uns haben können. Wir hoffen, viele von euch in den nächsten Monaten zu sehen. Die Frage, wie lange diese Reise gehen wird, konnten uns die Ärzte nur grob mit »es werden eher keine Wochen, aber auch keine Jahre sein« beantworten. Wir haben uns als Reiseziel für

unsere kleine Astronautin somit erst einmal den Mars gesetzt, zu dem man ja ein paar Monate braucht. Nun bereiten wir langsam und behutsam die Entlassung aus der Klinik vor, da Maxi noch ziemlich mit dem Ausschleichen der starken Medikamente kämpft. Wenn alles gut läuft, werden wir nächste Woche nach Hause gehen können. Dort hoffen wir sehr, ein wenig zur Ruhe zu kommen.

WhatsApp | 4. September 2020, 11:28 Uhr

Alles gleich und doch anders

5. September 2020

Clara und ich stehen in dem kleinen Krankenhauszimmer. Auf der einen Seite direkt neben uns das große Patientenbett. Auf der anderen Maxis Kinderbett, an dem man die Seitenwände hochstellen kann. Wir haben kaum Platz, um uns im Zimmer zu bewegen. Alles ist so eng, dass ich mir wie in einem Wohnwagen vorkomme. Diese bescheuerten Seitenwände, denke ich. Natürlich ist es richtig, sie hochzustellen, damit die schlafenden kranken Kinder nicht aus dem Bett fallen können. Aber im Gegensatz zu ihnen bewegt Maxi nur die Augen und den Mund, ihre kleinen properen Arme und Beine liegen schlaff auf der Matratze. Ihre Kör-

perhaltung ändert sich nur, wenn wir sie umlagern. Rechte Seite, linke Seite, Rückenlage, so geht es den ganzen Tag.
»Ich muss mal eben ins Bad«, sagt Clara und schiebt sich mit eingezogenem Bauch am Kinderbett vorbei.
In diesem Zimmer verbringen Kinder Monate, während sie Chemos, Bestrahlungen und diverse andere Therapien über sich ergehen lassen. Wenn Hoffnung auf Heilung besteht, würde ich mich auch mit einem noch kleineren Zimmer zufriedengeben. Aber die Chance, dass Maxi wieder gesund wird, ist bei uns vergebens. In den letzten Wochen haben sich nach und nach die Türen der Möglichkeiten, auch wenn sie nur einen winzigen Spalt aufstanden, verschlossen. Ein Hoffnungsschimmer nach dem anderen wurde mit medizinischer Sachlichkeit beiseitegewischt. Immer wenn wir dachten, wir hätten keine Kraft mehr, um noch einmal Hoffnung zu schöpfen, öffnete sich doch noch eine Tür einen Spalt, durch den ein kleines Licht zu uns durchdrang, nur um sich kurz darauf wieder zu schließen. Und so sind wir nun in diesem kleinen Zimmer gelandet, nicht, weil unser Kind erfolgreich so weit gebracht wurde, dass man den nächsten Schritt der Behandlung angehen kann, sondern weil wir den Kampf um sein Leben verloren haben und uns zurückziehen. Statt leuchtender Monitore, piepsender und summender Geräte umgibt mich eine gespenstische Stille.
Auf einmal höre ich, wie Clara im Badezimmer schluchzt. Manchmal kommt es mir so vor, als würde sie dorthin verschwinden, damit Maxi nicht mitbekommt, wie sie bitterlich weint. Anfangs bin ich immer noch zur Tür gegangen, habe geklopft und gefragt, ob alles in Ordnung sei. Was für eine blöde Frage. Natürlich ist gar nichts in Ordnung. Also warte ich mit Maxi, bis sie wieder zurückkommt.

Die Badezimmertür öffnet sich. Claras Augen sind gerötet. Sie versucht erst gar nicht zu verbergen, dass sie geweint hat. Ich nehme sie in den Arm. Lange stehen wir einfach nur da. Ich spüre ihre Wärme. Wir atmen im Gleichtakt. Nach einer Weile schaue ich sie an und sage: »Ich verspreche dir, dass wir bald zu Hause sind. Wenn man hier nichts mehr für uns tun kann, gehört diese Familie in ihre gewohnte und geliebte Umgebung!«

Dass das nicht sofort geht, ist uns beiden klar. »Sie können so lange hierbleiben, wie Sie wollen«, hatte uns eine Ärztin auf der Station bei unserer Ankunft begrüßt. Wir wollen aber nicht bleiben, dachte ich in dem Moment. Aber es braucht Zeit, bis die Medikamente umgestellt sind und wir alles für eine gute Versorgung bei uns zu Hause vorbereitet haben.

Es klopft an der Zimmertür und eine in Grün gekleidete Schwester mit Zettel und Stift in der Hand tritt ein. »Was möchten Sie denn heute Abend essen?«, fragt sie.

»Was gibt es denn?«, frage ich zurück.

Die Schwester merkt sofort, dass sie hier wohl nicht so schnell eine Antwort bekommt wie in den anderen Zimmern. Nach Monaten auf der Station würde ich den Essensplan auch auswendig kennen, argumentiere ich im Stillen zu meiner Verteidigung.

Sie trägt uns das Menü vor. Alles, was es gibt, klingt irgendwie lecker, aber richtigen Appetit hat keiner von uns. Geistesabwesend bestellen wir etwas. Kaum ist die Schwester weg, kehrt die Stille zurück.

»Wir bereiten alles in Ruhe vor und bald geht's nach Hause«, sage ich zu Clara.

»Ja, dann machen wir uns eine richtig schöne Zeit.«

Für diesen unbändigen Optimismus bewundere ich Clara so sehr.

Die Sonne Ghanas auf 12 qm

6. und 7. September 2020

»Ruh dich doch mal ein bisschen aus. Du brauchst keinen Wecker zu stellen, wir kommen zurecht. Vielleicht schaffst du es dann auch noch, etwas von dem Papierkram zu erledigen. Da sind jede Menge Rechnungen für die Versicherung gekommen«, sagt Clara, als ich mich abends von ihr und Maxi in dem kleinen Krankenzimmer der Kinderonkologie verabschiede. Die Nacht vorher haben wir mehr schlecht als recht versucht, zu dritt in dem Zimmer zu schlafen. Clara im Krankenhausbett, ich im Notbett, das extra für Eltern im Schrank verstaut ist, und Maxi in ihrem Bettchen. Nachts kam regelmäßig eine Pflegefachkraft, um nach der Kleinen zu sehen, morgens ging es krankenhaustypisch in aller Frühe los. Außerdem hält uns beide der Gedanke wach, wie wir die Pflege der kleinen Maus zu Hause bewerkstelligen sollen.

Ich fahre nach Hause, sammle auf dem Weg den Hund bei meiner Mutter ein, damit ich nicht ganz allein in der großen Wohnung sein muss. Ich arbeite im Schneckentempo die Briefe und Rechnungen ab und falle danach erschöpft ins Bett.

Es ist ungewohnt, auf einmal ohne Clara im Schlafzimmer zu liegen. Mein Kopf ist voll von den Punkten auf meiner To-do-Liste, alles, was noch bis zu Maxis Entlassung aus dem Krankenhaus für die Pflege zu Hause besorgt werden muss. In allem schwingt die Sorge mit, nicht gut genug auf das Unvorhersehbare vorbereitet zu sein. Primus

spürt meine Anspannung, denn er legt sich ungefragt ans Fußende des Bettes. Während auf dem Laptop irgendeine Netflixserie läuft, holt mich die Müdigkeit ein und ich falle in einen unruhigen Schlaf.
Am nächsten Morgen fahre ich wieder zur Klinik, wo mich der Pförtner mit einem herzlichen Nicken begrüßt. Wie jeden Tag fülle ich das Coronaformular aus und schiebe das Blatt mit einem leisen »Dann wünsche ich Ihnen noch einen schönen Tag« unter der Glaswand über den Tresen. Auf dem langen Flur der kinderonkologischen Station gehe ich an den vielen Krankenzimmern vorbei. Die anderen Kinder und deren Eltern bekommt man fast nie zu Gesicht. Lediglich zu den Essenszeiten tauchen die Mütter, manchmal auch Väter, aus den Krankenzimmern auf, nur um dann sofort wieder mit einem Tablett zu verschwinden. Sie wirken wie scheue Tiere, die sich nur so lange wie unbedingt nötig im Tageslicht aufhalten, um der dort lauernden Gefahr zu entgehen. Vor den Zimmern mit den bunten Nummern an den Türen parken Kinderwägen, Kinderrollstühle und Gehwägen in den verschiedensten Farben. Die Kinder, die hier liegen, haben keine Wehwehchen, die einfach wieder weggehen. Die bunten Aufkleber an den Rollstühlen führen mir vor Augen, dass die Krankheit ein fester Teil in ihrem Leben und dem ihrer Familie ist. Mein inneres Pendel schwingt zwischen Beklemmung, was so ein Leben bedeutet, und einem Gefühl, das ich lange nicht mehr gespürt habe, zuletzt vielleicht als Jugendlicher: Neid. Was würde ich dafür geben, wenn so ein bunter Rollstuhl auch vor unserem Zimmer stünde. Ich klopfe behutsam an der Tür von Maxis Zimmer und trete ein. Clara verabschiedet sich gerade von einer Ärztin. In dem Gespräch ging es um die Medikamentenumstel-

lung. Ich lächele der Ärztin unter meiner Maske zu und warte, bis sie das Zimmer verlassen hat. »Und?«
»Na ja, man merkt, dass die sich hier mit der Pflege zu Hause nicht besonders auskennen. Ich hoffe, das Palliativteam meldet sich heute. Wir müssen auch noch…« Clara schaut auf ihren kleinen Zettel, auf dem sie sich Notizen gemacht hat, und will reflexartig die einzelnen Punkte aufzählen. Die Müdigkeit steht ihr ins Gesicht geschrieben.
»Das können wir auch später machen«, unterbreche ich sie. »Was hältst du davon, wenn du jetzt mal nach Hause fährst, in Ruhe duschst und Miri triffst.« Claras Freundinnen haben ihr angeboten, jederzeit mit ihr ein Eis essen zu gehen oder einen Spaziergang zu machen. Mit einem zarten Grinsen setze ich hinzu: »Ich hab tatsächlich einen Parkplatz direkt vor der Tür gefunden.«
»O. k., das mache ich.« Sie dreht sich zu Maxi und ich spüre, wie sie zögert. Schafft sie es wirklich zu gehen?
»Wir kommen zurecht und freuen uns auf eine erholte Mama«, ermutige ich sie.
»Also gut.« Sie muss sich einmal kurz sammeln, bevor sie von der Bettkante aufstehen kann. Wir umarmen uns und ich flüstere zuversichtlich: »Bald sind wir zu Hause, dann finden wir unseren eigenen Rhythmus.«
Clara packt noch ein paar Kleidungsstücke zusammen. Eine Fahrt zurück in die Wohnung, ohne zumindest ein wenig Dreckwäsche mitzunehmen, kommt nicht infrage. Sie bemerkt, wie mich das belustigt, und wir müssen beide lachen. Sie zögert, als würde sie überlegen, ob sie die Wäsche wieder in den Schrank zurücklegen soll, entscheidet sich aber dagegen. »Das bekommt auch so ein Krankenhaus nicht aus mir raus«, sagt sie lachend.
»Lass dir Zeit. Falls etwas ist, rufe ich dich an.«

Wir geben uns einen zarten Abschiedskuss. Clara streicht Maxi über die Wange, beugt sich zu ihr runter, küsst sie und flüstert ihr etwas in ihr Ohr. An der Tür bleibt sie noch einmal stehen.
»Jetzt aber los!« Mit diesen Worten lasse ich mich demonstrativ aufs Bett fallen. »Wir machen hier keine Dummheiten.«
Die Tür schließt sich hinter Clara. Stille. Ich habe mich nach der Betriebsamkeit auf der Intensivstation noch nicht an die Ruhe hier gewöhnt. Maxi atmet flach, aber gleichmäßig. Der Mediziner in mir checkt alles durch: Atmung, Zugänge, Blasenkatheter, Lagerung. Alles ist so gut, wie es eben sein kann. Einigermaßen beruhigt lehne ich mich im Bett zurück und überlege, was ich jetzt machen könnte. In meinem Inneren herrscht ein Mix aus Tatendrang, Ungeduld und Übermüdung. Vielleicht sollte ich mich ein wenig ablenken, um zur Ruhe zu finden. Ich habe die Zeitung von zu Hause mitgebracht und versuche, darin zu lesen. Doch obwohl ich die Buchstaben sehe, bekomme ich die Worte, die dort stehen, nicht zusammen. Mit einem Seufzer lege ich die Zeitung beiseite und mache den kleinen Fernseher an. Vielleicht kommt ja was. Nachdem ich alle Sender drei Mal durchgezappt habe, schalte ich das Gerät wieder aus. Ich checke mein Handy: keine Mails, keine Nachrichten. Ich hatte alle Projekte und Auftritte abgesagt. Somit gibt es nichts, was mich ablenken könnte. Maxi liegt unverändert in ihrem Bettchen. Ich drehe mich zu ihr und massiere ihre kleine Hand. Keine Regung. Das bin ich gewöhnt, dennoch überwältigt mich der Wunsch, wenigstens einmal eine klitzekleine Reaktion zu bekommen. Ich kämpfe mit den Tränen und starre an die Decke. Sind erst fünf Minuten oder ist schon eine Dreiviertelstunde rum,

frage ich mich, als sich die Zimmertür nach einem zarten Klopfen öffnet.
Eine schwarze Frau Mitte vierzig betritt den Raum, die Reinigungsfachkraft, die an diesem Tag für unser Zimmer zuständig ist. Sie zuckt ein wenig zusammen, als sie mich da liegen sieht, und fragt mit einem fast schüchternen Unterton, ob es in Ordnung sei, dass sie eben sauber mache.
»Jaja, selbstverständlich, bitte entschuldigen Sie die Unordnung.« Es ist mir unangenehm, am helllichten Tag auf dem Bett zu liegen. Deshalb stehe ich auf.
»Wo wollen Sie denn anfangen?«, frage ich, während ich bereits ein paar unserer Sachen beiseiteräume.
»Don't worry.« Die Stimme der Frau klingt nun kraftvoll und selbstbewusst. »Ich mache das schon.«
Mit gekonnten Bewegungen wischt sie zunächst den Boden am Fenster und arbeitet sich durch den Raum zu Maxis Bettchen vor. Bei der Kleinen angekommen, betrachtet sie das friedlich schlafende Kind und fragt: »Ist es schlimm?«
»Ganz schlimm.«
»Oh je...« Sie rutscht ins Englische. »What a shame.« Was für ein Jammer.
Ich frage auf Englisch, ob sie auch Kinder hat. Während sie weiter sauber macht, erzählt sie von ihren Kindern, die sehr lieb seien, nur der eine Sohn mache viel Ärger.
»Just like his father.« Genau wie sein Vater. Dabei kann sie die Enttäuschung darüber nicht unterdrücken.
Ob sie denn auch ihre Sommerpläne aufgrund von Corona habe ändern müssen, frage ich sie schließlich. Sie habe alles umbuchen müssen, antwortet sie, hoffe aber, im Winter zu ihrer Familie nach Ghana fahren zu können.
Ghana... unsere letzte große Reise. Clara und ich besuchten dort verschiedene Frauenschulen und Krankenhäuser.

Vor meinem inneren Auge tauchen die Bilder von den freundlichen Menschen, die uns dort begegnet sind, und der atemberaubenden Natur auf. Ich erzähle ein bisschen von unseren Eindrücken. Ihre Augen beginnen zu leuchten. Überall, wo wir gewesen waren, hat sie Familie oder kennt jemanden. Gemeinsam schwelgen wir in den Erinnerungen an dieses ferne Land.

Wir atmen beide tief durch und beenden unsere gedankliche Reise mit einem langen Seufzer voller Fernweh. Es kommt mir vor, als hätten wir ewig miteinander gesprochen, dabei sind nur wenige Minuten vergangen.

Als die Frau aus Ghana mit ihrer Arbeit fertig ist, bleibt sie in der Zimmertür stehen.

»Wie heißt sie denn?«

»Maxi.«

»Ich werde mein nächstes Kind Maxi nennen.« Sie spricht einen kurzen Segen und wir wünschen einander alles erdenklich Gute. Dann geht sie und folgt ihrer Routine im nächsten Zimmer.

Wie viele traurige Augen diese Frau wohl jeden Tag sieht, kämpfende glückliche und kämpfende verzweifelte Kinder? Dass jemand seinem nächsten eigenen Kind den Namen eines anderen Menschen geben will, hatte ich während meiner Zeit in Afrika öfter gehört. Auch wenn niemand wirklich erwartet, dass man das auch tut, drückt diese Redensart höchste Anteilnahme aus.

Ich lege mich wieder aufs Bett und nehme Maxis Hand. Ein paar Minuten lang spüre ich die Sonne Ghanas, das Lachen der Kinder und die Herzlichkeit der Menschen dort. Es ist, als wäre ich in unserem gerade mal zwölf Quadratmeter großen Zimmer bis nach Afrika gereist und hätte Maxi auf diese Reise mitnehmen dürfen.

Ein Spiegelei zum Abschied

2002

»Komm Lisbeth, lot us noch eenmaal over de Hoff gohn un no dat Veeh kiecken.«
Mein Opa sitzt an einem sommerlichen Vormittag in einem kleinen Dorf im Münsterland mit seiner Frau im Wohnzimmer des Bauernhauses. In der Stadt ziehen die Alten in ein Seniorenheim oder die häusliche Pflege kommt vorbei, auf diesem kleinen Bauernhof im Münsterland, wo meine Mutter aufwuchs, ist klar, dass man sich um Opa und Oma kümmert, so wie das schon die Urgroßeltern getan haben. Und so wohnen mehrere Generationen unter einem Dach.
Oma wippt leicht vor und zurück und drückt sich mit einem »Een, twee un upstahn« aus dem Sofa. Opa wartet geduldig in seinem Fernsehsessel, bis sie bei ihm ist, um ihn ebenfalls anzuzählen.
»So, Bernhard, een, twee …«
Opas Beine wollen nach vielen kleineren Schlaganfällen nicht mehr so recht. Niemand kann sagen, wie viele er hatte, weil er sie der Familie erfolgreich verheimlichte. Einmal ist ihm das nicht gelungen, weil das eine Bein einfach nicht mehr wollte, was ihm einen Aufenthalt im Krankenhaus einbrachte. Die Zeit dort ertrug er mit Geduld. Kaum wieder auf dem Hof, bat er seinen Sohn und die Schwiegertochter zu sich und sagte: »Ick bliev to Huus!« Ins Krankenhaus gehe er nie wieder.
Jetzt sitzt er gemütlich in seinem Rollstuhl, der Oma Lisbeth eigentlich ganz gelegen kommt. So hat sie etwas zum

Festhalten. Geschickt schiebt sie ihren Mann, mit dem sie über 50 Jahre verheiratet ist, erst am Couchtisch mit den selbst gehäkelten Deckchen und dann am Esstisch aus, wie kann es anders sein, Eichenholz vorbei in den Flur.
Draußen ist die Frische des sommerlichen Morgens verflogen, die beiden empfängt eine herrlich warme Luft, als sie aus der Seitentür des Bauernhauses über den Hof rollen, den Opa nach dem Krieg mit eigenen Händen aufgebaut hat. Mit zwei Pferden an der Hand kam er nach dem Krieg zu Fuß von der russischen Front. Mit den beiden Gäulen, die zuvor beim Russlandfeldzug Artilleriegeschütze zogen, bestellte er den Acker, den er sich von seinem ersparten Sold gekauft hatte. Er heiratete Elisabeth, die alle immer nur Lisbeth nennen, und sie bekamen sechs Kinder. Wie es sich gehörte, holte er seine Eltern auf den Hof, damit sie dort ihren Lebensabend verbringen konnten. Mit seinem Vater verband ihn die große Liebe zu Pferden. In der Familie erzählt man sich, dass man in dem Moment, als sein Vater im hohen Alter die Augen das letzte Mal schloss, die Pferde aus dem Stall bis ins Haus hatte wiehern hören.
Das alte Bauernhaus gibt es noch, es liegt hinter dem Kuhstall und ist das Ziel meiner Großeltern. Oma, mit stramm anliegender, weiß leuchtender Dauerwelle und einer verschnörkelten Brille mit großen Gläsern, schiebt Opa, ebenfalls weißhaarig mit typischem Seitenscheitel und immer, wirklich immer einem Hut auf dem Kopf, sobald er das Haus verlässt, im Rollstuhl vor sich her.
»Ick will kieken, of bi de Mutter Gottes in de Grotte dat Lecht noch an is«, sagt Bernhard zu seiner Frau. Mit der Grotte ist eine aus großen Steinen und Findlingen gebaute Säule vor dem Eingang gemeint, in der vor Wind und Regen geschützt eine Marienstatue und eine Kerze stehen. Opa hat

sie als Dank an die Jungfrau Maria erbaut, nachdem Oma die Geburt des sechsten Kindes fast nicht überlebt hätte. Die beiden sprechen nicht mehr viel miteinander. Das liegt zum einen an Opas medizinisch nachgewiesenem schlechtem Gehör, vielleicht aber auch daran, dass Oma, wenn sie etwas sagt, meistens über irgendetwas lamentiert, das ihr missfällt. Kaum haben die beiden mit innerer Genugtuung das flackernde Licht vor der Jungfrau Maria erblickt, folgt ein weiteres liebevolles Kommando von Opa, wo die Ausfahrt als Nächstes hingehen soll: »Schuv mi to de Schuur.« Also fährt Oma den Rollstuhl vorbei am Schweinestall zur Scheune. Mehr gibt es nicht. Ein paar friedliche, rot geklinkerte Gebäude, harmonisch angeordnet in der Form eines westfälischen Bauernhofes.

»Kumm, lot us no binnen gon.« Nach diesen Worten schiebt Oma ihren Mann zurück durch die Seitentür des Hauses ins Wohnzimmer. Es ist Zeit für den Mittagsschlaf.

Am Nachmittag hilft nicht Oma Lisbeth ihrem Mann aus dem Bett, sondern Tante Maria, die Schwiegertochter, die zusammen mit ihrem Mann Jupp den Hof bestellt. Sie ist das Herz des Hofes, kümmert sich nicht nur mit Hingabe um ihre Kinder und die Tiere, sondern auch um die Großeltern. Jeder Wunsch wird ihnen von den Lippen abgelesen und alles mit beiläufigen Handgriffen erledigt, sodass sich die Alten nie unnütz oder als Last fühlen.

Zum Abendbrot sitzt Opa Bernhard von Tante Maria zurechtgemacht und nach seinem Rasierwasser duftend mit der Familie am Tisch. Zufrieden blickt er in die Runde.

»Opa, möchtest du noch ein Spiegelei?«, fragt Tante Maria am Herd stehend und beobachtet aus dem Augenwinkel, wie er wortlos nickt, mit seinem typischen verschmitzten Lächeln im Gesicht. Sie legt das Spiegelei auf eine Scheibe

Brot und schneidet ein paar Stücke mundgerecht. Dann setzt sie sich zu ihm. Mit seinen im Alter immer kleiner werdenden Augen schaut er Tante Maria mit festem Blick an. Er atmet ein, schließt die Augen und atmet das letzte Mal aus.

Keiner weiß, mit welchem Gefühl er an diesem Tag aufgewacht ist. Er hat auch keinem verraten, was ihn dazu brachte, noch einmal mit seiner Frau den Bauernhof abzugehen. Ich bin mir sicher, dass er wusste, dies würde der Tag sein, »wo use Herrgott mi holt«, wie er immer sagte. Aber eins war für ihn klar: Er würde nicht im Krankenhaus, sondern im Kreis seiner Liebsten die Augen schließen.

Marsupilami

9. September 2020

Ohne darüber nachzudenken, drücke ich auf den Knopf der kleinen Fernbedienung. Die Blinker meines Autos leuchten zweimal hintereinander auf, als wollten sie mir freundlich zuzwinkern. Ich lasse mich in den Fahrersitz fallen und starte den Motor so sehr in Gedanken vertieft, dass ich nicht sagen könnte, worüber ich eigentlich nachdenke. Die letzte Nacht ist wieder kurz gewesen, weil ich Maxi spät am Abend und dann noch einmal um drei Uhr ihre Medikamente gegeben habe. Clara ist früh ins Bett gegangen, um heute Morgen zu übernehmen. Obwohl die Nahrungspumpe auf der niedrigsten Stufe läuft, damit Maxi das Essen bei sich behält, gab das Gerät in der Nacht immer wieder Alarm, weil sich irgendwo eine Luftblase in den Schlauch eingeschlichen hat. Das ist eigentlich völlig harmlos, sorgt aber dafür, dass die Pumpe streikt und sich lautstark meldet. Und weil Maxi unverändert immer wieder spuckt, war ich statt zu schlafen dauernd mit einem Ohr bei der Kleinen.

Müde starre ich durch die Windschutzscheibe und überlege, ob es in dem Zustand sinnvoll ist, Auto zu fahren. An der zweiten Ampel nehme ich ein zunehmend aufdringlicheres Geräusch wahr. Ich habe vergessen, mich anzuschnallen, und das Auto erinnert mich zunächst freundlich bimmelnd, dann nachdrücklich warnend und schließlich vorwurfsvoll anschuldigend.

»Jaha, Mann! Ich schnalle mich ja schon an«, raunze ich dem Alarm entgegen, der nach einem satten Klack des einrastenden Anschnallgurtes sofort verstummt.

Das ist wie Marsupilami, denke ich. Auf dieses Safe Word haben Clara und ich uns geeinigt, für den Fall, dass einer von uns während der Pflege zu Hause eine schwierige Situation gar nicht mehr aushalten kann. Würde einer von uns dieses Wort sagen, wäre Zeit zum Durchatmen angesagt.

Ich sehe das kleine gelbe Comicwesen mit den schwarzen Punkten und dem langen Schwanz förmlich vor mir. »Mar-su-pi-la-mi«, sage ich wie ein Grundschulkind, das die Silben eines Wortes mitzählt. Dieses blöde Silbentrennungsklatschen habe ich schon zu Schulzeiten nicht verstanden. Das Schlimmste war damals: Wenn ich falsch geklatscht hatte, durfte die Klassenbeste noch mal korrekturklatschen. Wie hieß das Mädchen noch: Katharina? Alexandra? Lena? Egal. Wie bin ich da jetzt eigentlich draufgekommen? Ach ja. Ich wiederhole laut »Marsupilami« – diesmal ohne gedankliches Klatschen.

Das erste Mal habe ich von einem Safe Word in einer amerikanischen Comedyserie gehört. Die weibliche Hauptdarstellerin sagte ihr Wort immer dann zu ihrem Mann, wenn er sich nicht angemessen gegenüber anderen verhielt, was natürlich nichts brachte und zu einem Running Gag in der Serie wie auch in unserem Freundeskreis wurde. Wie war das Wort gleich noch? Ein Tier, das auch so viele Silben hatte. Stachelschwein? Warzenschwein? Hängebauchschwein?
Also wenn das mal kein Zeichen von Schlafentzug ist, dass ich mich weder an den Namen der Mitschülerin noch an das Safe Word aus der Serie erinnern kann. Zumindest bin ich froh, unser Safe Word noch zu erinnern und auch, dafür Marsupilami vorgeschlagen zu haben. Irgendwo habe ich mal aufgeschnappt, dass bei Liebesabenteuern, wo es etwas deftiger zur Sache geht, einer der Partner an einen Punkt kommen kann, wo Schmerz, Luftmangel, Würgereflex, ach weiß der Geier, nicht mehr zu ertragen ist. Woher hab ich das denn noch? Ach ja, eine Freundin hat mir das erzählt. In so einem Moment wäre es ja Unsinn, ein Safe Word zu nehmen, das falsch verstanden oder, schlimmer noch, als Ansporn für den anderen interpretiert werden könnte, um mit der Fliegenklatsche noch ein wenig weiter auszuholen. Die Vorstellung, wie ein dickbäuchiger Herr mittleren Alters in einem Latexkostüm auf dem Boden vor einer Domina liegt, während diese gerade noch einmal mit der siebenschwänzigen Peitsche ausholt und so richtig loslegt, weil sie »mehr« statt »Meer« oder »doller« statt »Roller« verstanden hat, bringt mich so zum Lachen, dass ich mir die Tränen aus den Augen reiben muss. Hätte er mal lieber Marsupilami genommen – egal ob mit oder ohne Klatschen.

»Mann, du brauchst einen Kaffee und solltest das Auto so schnell wie möglich abstellen«, rufe ich mich zur Ordnung. »Ich bin ja gleich da«, beruhige ich mich und kann schon die ersehnte Parklücke vor unserer Wohnung sehen. Die Autos vor und hinter dem freien Platz bleiben trotz meines etwas bemühten Einparkens unversehrt. Beherzt drücke ich etwas zu fahrig auf den Stoppknopf des Wagens, worauf er erst ausgeht und dann gleich wieder anspringt. »MARSUPILAMI!!!!«, schimpfe ich in Richtung Armaturenbrett. Dabei fällt mir auf, dass Clara und ich das Wort noch nie benutzt haben.

Ein Zeichen der Liebe in einer dunklen Zeit

3. Oktober 2020

Ich warte im Flur unserer Wohnung. Maxi ist in der Wanne des Kinderwagens kuschelig eingepackt. Gerade will ich mich runterbeugen, um sie in das Gestell des Kinderwagens zu heben, als Clara aus dem Schlafzimmer kommt.
Ich kann meinen Augen nicht trauen. Sie steht vor mir in einem bodenlangen champagnerfarbenen Rock, der ihre Figur seidig umschmeichelt. Dazu hat sie einen feinen Kaschmirpullover an, am Rücken tief ausgeschnitten, sodass man die Spitze des zarten Oberteils erahnen kann, das sie darunter trägt. Wie in aller Welt hat sie es geschafft, sich das alles zu besorgen? Wir sind doch Tag und Nacht mit der Pflege von Maxi, Rechnungen für Medikamente,

der Beaufsichtigung der Geräte und irgendwelchen Besorgungen beschäftigt.
»Ich dachte mir, ein wenig dem Anlass entsprechend muss ich mich ja schon anziehen. Gefällt es dir?« Claras Augen funkeln mich an.
Ich bin sprachlos. Niemals hätte ich gedacht, dass sie noch so viel schöner sein kann, als sie eh schon ist. Vor mir steht eine hochgewachsene Frau mit blonden Haaren und einem Outfit, das auf betörende Weise mit ihrer Silhouette spielt. »Du siehst atemberaubend aus.« So sehr, dass ich kaum den Blick von ihr wenden kann. Als ich mich wieder etwas gefangen habe, fällt mir auf, dass mein Erscheinungsbild überhaupt nicht mehr angemessen ist. Ich trage zwar eine gut geschnittene, aber einfache Stoffhose, ein frisch gebügeltes Hemd und einen Pullover, aber so kann ich nicht, das ist mir schlagartig klar, mit ihr zum Standesamt fahren. »Gib mir drei Minuten«, sage ich und renne regelrecht ins Schlafzimmer. »Meine Güte, siehst du toll aus«, rufe ich Clara zu, die im Flur wartet, während ich im Schrank nach passenden Klamotten wühle. Ich finde einen italienischen Anzug, schwarz mit einer eleganten Musterung, und schnappe mir die Hose vom Bügel. »Bin gleich da«, rufe ich auf einem Bein hüpfend. Ich habe doch vor einer Weile einen schwarzen Rollkragenpullover online bestellt. Er liegt noch in Papier verpackt in einem Fach. Hoffentlich passt er, denke ich, und ziehe ihn über den Kopf. Sitzt! Super!
Auf Socken laufe ich in den Flur zurück, um nach geeigneten Schuhen zu suchen. Ich will ja nicht der Grund sein, zu spät zum Standesamt zu kommen. Zur eigenen Hochzeit, das wäre ja wie im Film. Clara hockt neben Maxi, die in der Kinderwagenwanne schläft, und streichelt ihr Gesicht. Ich kann mich kaum lösen von diesem Bild, das

aussieht wie ein Ölgemälde eines alten Meisters, auf dem ein Engel vom Himmel herabsteigt, um einem Menschen durch seine sanfte Berührung das Leid zu nehmen. Ich packe meine schwarzen Stiefel, schlüpfe hinein und werfe mir den Mantel über. »So, jetzt kann ich zumindest etwas mithalten.«

Stufe für Stufe tragen wir den Kinderwagen bis zur Eingangstür hinunter. Kaum sind wir draußen, sagt Clara lachend: »Wenn uns jemand sieht ...«

»Na, dann sagen wir, dass wir zu einer Hochzeit fahren. Welche das ist, geht ja niemand etwas an.«

Ein Blick auf die Uhr zeigt: Wir liegen noch knapp in der Zeit. Und was soll im Rathaus schon los sein, mitten im Coronalockdown. Hochzeiten sind zwar erlaubt, aber nur im kleinen Kreis. Wir haben daraus den kleinsten Kreis gemacht: Clara, Maxi und ich, begleitet von Primus, dem vierbeinigen Trauzeugen und Blumenkind in Personalunion, der aber während der Trauung leider im Auto warten muss.

»Schön, dass wir das jetzt tun«, sagt Clara im Auto und nimmt meine Hand. »Auch wenn wir alle anderen Pläne über den Haufen werfen mussten. Das ist ein Zeichen der Liebe in einer dunklen Zeit.«

Am Rathaus angekommen, haben wir freie Parkplatzwahl. Wo sonst alles zugestellt ist, steht heute nur ein einziges Auto. Wir laden den Kinderwagen aus und schieben ihn in das alte Rathaus, das früher einmal ein Bahnhof war, den ich schon als Kind mochte. Ein weißer prächtiger Bau, aber nicht überdimensioniert.

»Rechts runter, dann den Gang links und am Ende das Zimmer, wo Anmeldung steht«, weist uns der Pförtner den

Weg. Auch wenn ich unter der Maske nur die obere Hälfte seines Gesichtes sehen kann, merke ich, dass er uns anlächelt.

»Kommen Sie rein«, sagt der Standesbeamte, kaum haben wir an die Tür geklopft. »Huch?«, fügt er hinzu, als wir zu dritt den Raum betreten. »Kommt da noch jemand? Oder sind Sie allein?«

»Na ja, das muss so reichen«, erwidere ich.

»Solange die beiden Eheleute da sind, ist alles gut. Im Moment läuft sowieso alles etwas anders. Aber bezahlen müssen Sie leider trotzdem.« Er lacht verschmitzt. »Setzen Sie sich doch, dann erkläre ich Ihnen kurz den Ablauf.«

Vor uns auf dem Tisch befinden sich ein Bezahlterminal für EC-Karten, zwei Stiftbecher, einer mit »sauber«, der andere mit »Finger weg«, sowie ein paar Formulare. Maxi liegt im Kinderwagen hinter uns und schläft friedlich. Wir hören den Erläuterungen des Standesbeamten geduldig zu und erledigen die Formalitäten. Ich bezahle die Gebühr wie beim Supermarkt an der Kasse mit meiner EC-Karte.

»So, bevor Sie jetzt denken, das war es schon, kann ich Sie beruhigen. Auch in Coronazeiten verzichten wir nicht auf eine kleine feierliche Zeremonie. Warten Sie bitte noch einmal auf dem Flur. Ich hole Sie dann gleich dort ab.«

Nach ein paar Minuten kommt der Standesbeamte wieder zu uns und bedeutet uns, ihm zu folgen. Wir betreten einen kleinen Saal, an dessen Kopfende ein massiver hölzerner Schreibtisch steht, dahinter ein thronähnlicher Sessel, davor zwei etwas kleinere, aber nicht weniger eindrucksvolle Holzstühle.

»Bitte, nehmen Sie Platz. Sie sind mein letztes Paar, deshalb machen wir das jetzt ganz genüsslich. Trauzeugen brauchen Sie nicht, ich reiche dafür aus. Irgendeinen Vorteil muss es ja haben, ein Beamter mit entsprechenden Befugnissen zu sein.«

Er liest uns feierlich aus der Urkunde vor und fragt uns nacheinander, ob wir in die Ehe einwilligen wollen.

»Die Unterschrift ist nur noch Formsache, das Jawort, das Sie sich gerade gegeben haben, ist das, worauf es rechtlich ankommt.«

»Ja gut, dann ja«, scherze ich. Wir unterschreiben und erheben uns. Ein bisschen komisch fühlt es sich schon an, so ohne Familie und Freunde, die diesen emotionalen Moment heute nicht miterleben. Maxi schläft immer noch.

»Wollen Sie, dass ich ein Foto von Ihnen mache?«

Heute bin ich nämlich alles, Beamter, Fotograf, Trauzeuge, nur nach Hause werde ich Sie nicht fahren.«

Wir postieren uns vor einem großen Ölgemälde.

»Schauen Sie mal, ob die so in Ordnung sind«, sagt der Beamte und reicht mir mein Handy.

Er hat unsere Füße abgeschnitten.

»Oha! Könnten Sie noch mal? Sonst habe ich direkt den ersten Ärger mit meiner Frau.«

Clara lacht und kneift mich in die Seite. Während wir uns noch sortieren, knipst der Standesbeamte schon drauflos, dieses Mal sind auch unsere Füße drauf. Die Bilder strahlen pures Glück aus. Wir haben gerade ganz bewusst einen wichtigen Schritt auf unserem Weg gemacht und dem Universum damit getrotzt. Und das, obwohl es uns mit aller Kraft aus der Bahn werfen will und es allein schon unmenschliche Energie braucht, um überhaupt aufrecht stehen zu bleiben. In diesem Moment, mit meiner Traumfrau an meiner Seite, wird mir klar: Das Schicksal kann uns nicht auseinanderreißen, sondern nur enger zusammenschweißen.

Gertrud, 93 Jahre

15. Oktober 2020

Wie findet man eigentlich ein Bestattungsinstitut? Das fragen wir uns immer wieder mal, seit wir mit Maxi zu Hause sind und einen Rhythmus gefunden haben. Alles ist erträglicher geworden, weil wir nicht mehr nur Zuschauer im eigenen Leben sind, sondern mitgestalten können. Die Abläufe greifen ineinander: Maxis Pflege, die Medikamentenroutine, Besuche des Palliativteams, Lieferungen aus der Apotheke etc. Sogar für Besuche von Freunden und Familie findet sich wieder Zeit und auch eine gewisse innere Ruhe, die Gesellschaft der Menschen, die wir so sehr schätzen, zu genießen.

In letzter Zeit denke ich oft an Paul, einen alten Herrn, der für mich wie ein Großvater war. Einige Dinge waren ihm kompromisslos wichtig, dazu gehörte, vorbereitet zu sein. Er konnte im Dunklen einen Anzug mit dem dazu passenden Hemd und Schuhen aus dem Kleiderschrank nehmen, weil alles so geordnet war. Als ich ihn mal in seiner kleinen Wohnung auf eine Tasse Kaffee besuchte, zeigte er auf seinen Aktenschrank und sagte: »Falls es irgendwann passiert, da ist ein Ordner, in dem steht, wie es laufen soll und wen ihr anrufen müsst.« Damals spürte ich, wie wichtig es ihm war, diese Welt selbstbestimmt zu verlassen und das Andenken an ihn in seinem eigenen Sinne zu gestalten.

Nicht erst damit anzufangen, wenn das Unausweichliche kommt, ist auch mir sehr wichtig. Ich will nicht wie meine Mutter, als mein Vater ohne jegliche Vorwarnung tödlich verunglückte, in tiefer Trauer und noch dazu mit unnachlässigem Zeitdruck wichtige Entscheidungen treffen müssen.

Wie Paul wohl rausgefunden hatte, welches Bestattungsinstitut am besten zu ihm passt, grübele ich.
»Lass uns doch einfach ein paar Freunde fragen, die das schon erlebt haben. Sie werden uns ja ehrlich sagen, wen sie gut und weniger gut fanden«, schlug Clara vor ein paar Tagen vor. Zu unserer Überraschung haben wir tatsächlich eine einhellige Empfehlung erhalten: die Bestatter Seemann und Söhne. »Wobei das Witzige ist, dass wir vor allem die Tochter besonders angenehm fanden, obwohl es ja Seemann & SÖHNE heißt«, meinte eine Freundin schmunzelnd.
Jetzt sind wir auf dem Weg zu dem Bestattungsinstitut.
»Sollen wir Maxi mitnehmen oder ist das komisch?«, fragt mich Clara, kurz bevor wir losgehen.
»Es ist schon irgendwie komisch. Aber noch komischer finde ich, wenn wir sie nicht mitnehmen.«
Zum Frühstück haben wir nur mit Mühe einen Kaffee und einen Happen runtergezwängt. Im Auto ist uns dann aufgefallen, dass wir beide reflexartig schwarze Kleidung angezogen haben.
Das Bestattungsunternehmen liegt unweit von der Wohnung eines Schulfreundes. Als Kinder sind wir manchmal heimlich über das Gelände geschlichen, das für uns etwas Unheimliches hatte. »Meinst du, hinter den Mauern und der großen Tür liegen tote Menschen?«, fragte ich meinen Freund einmal, als wir in der Dunkelheit mit unseren Taschenlampen auf dem Hinterhof standen. Aus dem Hinterhalt kommt auf einmal das gleiche mulmige Gefühl in mir hoch wie damals, dabei habe ich in meiner Zeit als Arzt viele Menschen beim Sterben begleitet, Leben gerettet, Leben verloren und in den Nachtdiensten Totenscheine ausgestellt. Für mich ist ein menschlicher Körper,

in dem kein Leben mehr ist, etwas Natürliches geworden. Dennoch regt sich in diesem Moment die scheue Neugier, wie sie ein Kind spürt, wenn es den Tod entdeckt. Sonst erzählen Clara und ich uns oft, was in uns vorgeht, ich ihr vielleicht etwas öfter als sie mir. Jetzt behalte ich meine Gedanken für mich, weil es um mehr als meine Kindheitserinnerung geht.

Wir tragen Maxis Kinderwagen über viele Stufen in den Empfangsraum. Dieses Bestattungsinstitut ist, wie vermutlich viele andere auch, nicht unbedingt auf einen Besuch mit einem Baby im Kinderwagen ausgelegt.

Der Empfangsraum sieht aus wie eine Mischung aus dem Büro eines Steuerberaters oder Anwalts und dem Wartezimmer beim Arzt. Zig Broschüren und Infoblätter liegen herum, der Unterschied bei genauerem Hinsehen ist allerdings, dass es nicht um Krankheiten und deren Behandlung geht, sondern um Seebestattungen, Urnen, Grabschmuck und Andenken an die Verstorbenen. Da sitzen wir nun, zwischen all den Bestattungskatalogen und einem Aquarium, in dem einige Fische still ihre Kreise ziehen. »Das kann doch alles nicht wahr sein!«, denke ich, während ich mich umschaue. Wieder kommt es mir so vor, als würde gleich Kai Pflaume hinter der Zimmerpflanze vorspringen und »Versteckte Kamera« oder so was rufen. Es springt aber niemand.

Kurze Zeit später erscheint eine junge gepflegte Frau mit blonden Haaren. Sie trägt einen schwarzen Hosenanzug und eine perfekt gebügelte weiße Bluse. Mit einem freundlichen Lächeln und einer sanften, aber selbstbewussten Stimme begrüßt sie uns.

»Hallo, Frau und Herr Wimmer, mein Name ist Seemann. Wie kann ich Ihnen helfen?«

»Wir möchten gern vorbereitet sein, damit wir nicht erst anfangen, wenn wir es plötzlich müssen«, sage ich und berichte in knappen Worten, worum es geht.
»Ich bin mir sicher, dass wir einen Weg finden«, erwidert Frau Seemann.
»Was sind denn die wichtigsten Punkte, über die wir uns Gedanken machen müssen?«, fragt Clara.
Frau Seemann erteilt bereitwillig Auskunft zum Grabstein, der Musik auf der Trauerfeier, der Straßensperre, um von der Kirche zum Friedhof zu kommen ... Bei ihren Ausführungen trifft sie genau den Ton zwischen Freundlichkeit, ohne aufdringlich zu wirken, Organisationstalent, ohne zu hetzen, und persönlicher Anteilnahme, ohne etwas vorzuspielen, auch wenn dadurch das, was wir bisher kaum auszusprechen wagten, in mein Bewusstsein dringt. Doch zugleich wird mit jedem Wort von ihr der Kloß, den ich anfangs im Hals hatte, kleiner. Ich schaue kurz nach Maxi, die hinter uns im Kinderwagen schläft, und dann zu Clara. Ihr scheint es genauso zu gehen. Obwohl wir beide gebeugt von unserer traurigen Last durch den Eingang des Bestattungsunternehmens gegangen sind, sitzt sie nun aufrecht am Tisch.
Als Frau Seemann mit der Aufzählung fertig ist, sagt sie mit ruhiger Stimme: »Nichts davon ist jetzt wichtig. Es gibt allerdings einen Punkt, den wir tatsächlich schon heute besprechen sollten, da er etwas Zeit benötigt.« Sie hält einen Moment inne.
Oh Gott, was wird das sein, denke ich.
»Es wäre gut, wenn Sie sich überlegen, wie der Sarg aussehen soll.«
Ich kann das Wort Sarg kaum ertragen und bin zumindest erleichtert, dass sie nicht Kindersarg gesagt hat. Maxi, die

immer noch schläft, bekommt glücklicherweise von all dem nichts mit. Mit aller Kraft muss ich gegen die Vorstellung ankämpfen, dass sich eines Tages ein Sargdeckel über ihr schließen wird.
»Bei Särgen für Erwachsene gibt es immer eine größere Auswahl und Verfügbarkeit, bei ...«
»Bitte nicht sagen«, unterbreche ich Frau Seemann.
Ihr sanfter Blick und ein leichtes Nicken zeigen mir, dass sie mich verstanden hat. Sie pausiert einen Augenblick.
Ich atme durch.
»In Ihrem Fall macht es Sinn, dass Sie schon jetzt Ihre Wünsche äußern.«
Auch wenn wir total erledigt sind, leuchtet es uns ein, dass dies ein wichtiger Punkt ist. Wenn schon vorbereitet, dann auch bei diesem Thema. Ich kneife die Augen zusammen und kann das Wort zumindest denken: Sarg.
»Möchten Sie vielleicht durch unsere Ausstellung gehen?«
»Oh Gott, bitte nicht«, antworte ich und muss gleichzeitig lachen. »Das wäre ja wie im Möbelhaus. Man schaut sich alles an und sagt am Ende: ›Ja, den nehmen wir.‹ Aber bitte in halb so groß und mit den Griffen von dem da am Eingang und einem anderen Furnier. Ehrlich, das schaffe ich gerade nicht.«
Wieder das verständnisvolle Lächeln. »Wissen Sie, wir sind in unserem Gewerbe ja auch in der Neuzeit angekommen. Was halten Sie davon, wenn ich Ihnen mal etwas auf unserem Tablet zeige? Vielleicht wollen Sie auch erst mal etwas trinken?«
Wir nicken.
Die Frau versteht uns, denke ich, während sie kurz den Raum verlässt, um Kaffee, Wasser und das technische Endgerät der Neuzeit zu holen.

»Hast du eine Vorstellung, was schön wäre?«, fragt mich Clara, kaum sind wir allein.
»Ich fände es schön, wenn alles natürlich und ursprünglich und so rein wie möglich ist.«
»Ja, ein duftendes Holz, bei dem man die Maserung spüren kann, wenn man es berührt.«
Ich kann dieses Holz förmlich riechen.
Frau Seemann kommt mit einem Tablett und dem Tablet zurück. »Ich zeige Ihnen einfach mal eine Auswahl und Sie sagen, ob Ihnen etwas gefällt.«
Nach ein paar Wischern entscheiden wir uns für einen..., es fällt immer noch schwer, das Wort überhaupt zu denken, gefertigt aus Natureiche, innen bespannt mit Baumwolle und Griffen aus Tampen, einem Tau, das man als Hamburger von den großen Segelschiffen kennt.
»Haben wir noch etwas vergessen?«, frage ich am Ende mit ein wenig Stolz in der Stimme.
»Wir könnten noch über eine Traueranzeige sprechen, das ist den Angehörigen oft sehr wichtig.«
Auch das noch. Meine Großeltern kommen mir in den Sinn. Sie überblätterten, wenn am Wochenende die Traueranzeigen in der Zeitung standen, erst einmal alle Nachrichten des Tages bis zu diesen Seiten, in einer Mischung aus Neugier und Angst vor der eigenen Vergänglichkeit. Allein der Gedanke an die Traueranzeige zieht mich ohne einen Funken Erbarmen wieder in die Tiefe. Ich atme aus, vielleicht etwas zu laut. Clara schaut zu mir rüber. Ihr Blick verrät, dass auch sie kaum mehr Kraft übrig hat, und zugleich signalisiert er: Komm, diesen letzten Punkt schaffen wir auch noch.
»Puh, ich habe da gerade keine Idee«, sage ich und lasse mich, obwohl ich mich in der Hoffnung, dass der Termin

vorbei ist, schon ein wenig im Sessel nach vorne gebeugt habe, um aufzustehen, wieder nach hinten fallen. »Aber ich schätze, Sie können uns auch dazu etwas zeigen.«

Frau Seemann meistert unser Gespräch mit der Kondition einer Ausdauersportlerin, ohne auch nur einen Moment lang die Zuversicht, die sie ausstrahlt, zu verlieren. Sie greift hinter sich ins Regal und holt eine Zeitung raus, die sie vor uns auf den Tisch legt.

»Hier in Hamburg schaltet man gerne eine Anzeige im Hamburger Abendblatt«, merkt sie dazu an und schlägt gekonnt die richtige Seite auf. Der Anblick der auf einer Doppelseite zusammengebauten Anzeigen, ein wenig wie Tetris-Steine angeordnet, macht mich nachdenklich. Warum gönnt man einem Menschen eigentlich erst nach seinem Tod eine Erwähnung in der Öffentlichkeit, nach dem Motto: Jetzt, wo du weg bist, sollen alle wissen, wer du warst. Wieso macht man das nicht zu Lebzeiten? Was hat der Tote davon, wenn er nicht mehr ist? Hm ... Vielleicht gibt es Menschen wie meinen Großeltern einen inneren Frieden, dass eines Tages jemand, so wie sie es jeden Samstag getan haben, ihre Anzeige lesen wird: »Ach herrje, die Lisbeth ist gestorben, das war 'ne Gute.«

Frau Seemann zaubert einen Hefter hervor und sagt: »Wir haben hier im Hause auch ein paar Vorschläge zusammengestellt. Vielleicht mögen Sie sich die mal anschauen.«

Gut, was soll's, wir brauchen ja nun mal einen Text.

Wir blättern beiläufig in den Seiten, die eine feinfühlige und umfassende Auswahl an christlichen, nicht christlichen, flotten und weniger flotten Sprüchen enthalten. Aber es ist nichts dabei, was uns anspricht. Nach einer Weile fällt unser Blick erneut auf die letzte Ausgabe des Hamburger Abendblattes. Wie über eine Landkarte gebeugt machen wir uns auf die Suche nach den passenden Worten für unsere kleine Tochter, der es vermutlich noch nicht einmal vergönnt sein wird, ihren ersten Geburtstag zu erleben. Auf einmal sticht mir eine Anzeige auf der rechten Seite mittig, etwas größer als die anderen, ins Auge. Jemand scheint es ernst zu meinen: Gertrud, irgendein Mittelname, dann der Nachname, 1927 bis 2020. Mit anderen Worten: Gertrud, 93 Jahre alt. Über die ganze Breite der Anzeige steht fett gedruckt:

Es geschah so plötzlich und unerwartet.

Zeitgleich schauen Clara und ich zu Frau Seemann hoch.
»Ja, was soll ich sagen?« Ihr Lächeln scheint etwas breiter als vorher.
Clara und ich müssen beide aus tiefem Herzen lachen. Wenn Gertrud mit 93 Jahren plötzlich und unerwartet aus dem Leben gerissen wurde, was sollen wir dann bitte schreiben?
»Ich glaube, das mit der Anzeige überlegen wir uns noch mal«, bringe ich das Thema zum Abschluss.
»Das hat ja auch keine Eile. Für heute haben Sie schon sehr viel und vor allem die wichtigen Dinge auf den Weg gebracht. Ich hoffe, das gibt Ihnen etwas Ruhe.«
Mit dem Gefühl, dass uns einige der kaum zu stemmenden Steine vom Herzen gefallen sind, tragen wir den Kinderwagen wieder nach draußen. Wie lange sind wir denn eigentlich hier gewesen, überlege ich vor der Tür. Vielleicht sind die Fische im Aquarium des Bestattungsinstituts so wie ich: ohne Gefühl für Raum und Zeit.
»Dann wünsche ich Ihnen eine sichere Heimfahrt«, verabschiedet uns Frau Seemann in der offenen Tür stehend

mit einer Ernsthaftigkeit, die vermuten lässt, dass es wohl schon zu einigen Unfällen auf dem Weg zum oder weg vom Bestattungsinstitut gekommen ist.

»Ja, wir fahren vorsichtig«, antwortet Clara. »Und vielen Dank noch mal.«

Auf dem Weg zum Auto kommt mir noch ein Gedanke. Ich drehe mich erneut zu Frau Seemann um, die zu meiner Überraschung noch in der Tür steht. Wir sind wohl nicht die Einzigen, denen bis zum Schluss noch etwas einfällt.

»Bewahren Sie hier eigentlich auch die Toten auf?«

»Nein, schon seit einigen Jahren nicht mehr, dafür haben wir ein Trauerzentrum etwas weiter außerhalb. Mein Vater hat mir aber einmal erzählt, dass es für die Kinder der Nachbarschaft früher eine Mutprobe war, sich bis vor die große Doppeltür hinten am Gebäude zu trauen.«

Wusste ich es doch.

Die eine Bestellung noch

1997

Hoffentlich wird die Karte nicht nass, sonst finde ich die Adresse nie. Mit der einen Hand wische ich mir den Regen aus dem Gesicht, die andere hält den Lenker des Fahrrads fest, das ich ein halbes Jahr vorher zu meinem 14. Geburtstag bekommen habe. Ich bin kurz vorm Ziel, noch zwei Straßen, dann müsste es irgendwo auf der rechten Seite sein. Welche Hausnummer ist es noch gleich? 33? 35?

Es schüttet in Strömen und ich bin auf dem Weg zur letzten Lieferung dieses Nachmittags. In der Apotheke habe ich mir wie jeden Dienstag den Stadtplan fotokopiert und mit einem Kugelschreiber, der einigermaßen wasserfest ist, überall dort, wo Menschen auf ihre Medikamente warten, ein Kreuz gemacht. Aber die Strecken zwischen den Zielorten, die ich mit einem Textmarker gezogen habe, sind immer als Erstes verschwunden, selbst wenn das Papier nicht nass wird.

Nach vielen Monaten als Lieferbote kenne ich die meisten Straßen im Umkreis der Apotheke und die besten Abkürzungen. Wie kommt denn jemand darauf, so weit entfernt von der Apotheke seine Medikamente zu bestellen, denke ich, während ich gegen den Regen anstrample. Auf meinem Weg bin ich doch an zwei anderen Apotheken vorbeigekommen, die viel näher liegen.

Ein entgegenkommendes Auto braust ungebremst an mir vorbei, mitten durch eine riesige Pfütze, ach was, es pflügt regelrecht durch einen See, der sich im Rinnstein über einem von Blättern und Zweigen verstopften Gulli gebildet hat. Ich kann mich gerade noch auf den Bürgersteig retten. Dennoch ergießt sich das Wasser in einem riesigen Wuschhhhhh über mich. Für einen Augenblick fühlt es sich so an, als sei in der Nordseebrandung eine Welle über mir zusammengebrochen.

Tropfnass steige ich wieder in die Pedale, das Wasser läuft aus meinen Turnschuhen. Es macht keinen Sinn mehr, auf meine kopierte Karte zu schauen, weil man nach dem Wasserbad bestimmt nichts mehr darauf lesen kann. Hausnummer 33 oder 35, egal, eine von beiden wird es sein. Das Regenwasser ist so kalt, dass nur Bewegung ein wenig Gegenwärme aufbaut.

»Arbeit ist die wärmste Jacke«, habe ich auf einmal im Ohr. Bescheuert, wer kommt bloß auf so einen dämlichen Spruch. Aber irgendwie stimmt er. Ich strampele zur ersehnten Straße, biege ein und suche die Hausnummern ab. In der 35 ist es dunkel, in der 33 brennt Licht. Dann probiere ich es zuerst dort. Wenn jetzt keiner aufmacht, schimpfe ich vor mich hin, kann ich nicht direkt nach Hause, sondern muss den ganzen Weg wieder zurück zur Apotheke, um das Medikament dort wieder abzugeben.
Leise fluchend stapfe ich die Stufen zur Eingangstür hoch. Die bekommen jetzt einen ganz besonders bösen Blick von mir, nehme ich mir vor, während ich auf den kleinen Klingelknopf auf einem alten Messingschild drücke. Erst klingeln, dann die Medikamente aus dem Rucksack kramen, habe ich bei dieser Arbeit gelernt. Das erspart unnötige Handgriffe, falls die Tür nicht aufgemacht wird, denn bei Regen sind die Bestellungen zudem in zwei Plastiktüten gepackt, um sie vor freundlichen Autofahrern zu schützen, die einem eine kalte Dusche gönnen.
Im Flur geht das Licht an. Dann los: Rucksack runter. Kramen. Na toll, überall Wasser. Plastiktüte mit dem Medikament rausholen. Das Wasser abwischen. Zweite Plastiktüte rausfischen. Papiertüte mit dem Medikament raus. Ha, trocken! Rucksack wieder auf den Rücken und warten. Jemand schließt von innen die Tür auf.
»Oh mein Gott, wie sehen Sie denn aus?«, fragt mich die ältere Dame, die mir die Tür öffnet. »Sind Sie den ganzen Weg mit dem Rad gekommen?«
»Na ja, gelaufen bin ich nicht«, sage ich. Wieso siezt sie mich eigentlich? Bin ich in diesem Regen so sehr gealtert? Die Dame macht ein paar Schritte zurück und reicht mir aus dem angrenzenden Gäste-WC ein kleines Handtuch.

»Fürs Gesicht.«
»Aber ich bin ganz dreckig…«
»Na machen Sie schon.« Ich tauche mein Gesicht in das Handtuch, das herrlich warm ist und nach feiner Seife duftet, wie sie nur ältere Damen benutzen. Für ein paar Sekunden vergesse ich die Kälte und Nässe.
»Ich kann Ihnen auch noch einen heißen Kakao machen.«
»Das ist wirklich nett von Ihnen«, murmle ich durch das Handtuch, »aber ich fahre lieber gleich nach Hause. Sie sind die letzte Tour.« Ich nehme das Handtuch runter. »Die Adressen, die am weitesten weg sind, kommen immer am Ende.« Aller Ärger über die endlos nasse Fahrt zu dieser Dame ist verflogen. »Warum nehmen Sie eigentlich nicht eine Apotheke, die näher ist?« Diese Frage kann ich mir dann doch nicht verkneifen und will es auch wirklich für meinen Seelenfrieden wissen.
»Das würde ich ja gerne. Aber allein schaffe ich es nicht mal bis zur nächsten. Also bestelle ich immer in Ihrer Apotheke, weil sie direkt neben meinem Hausarzt ist, wo ich regelmäßig hingefahren werde. Ich danke Ihnen so sehr, dass Sie den weiten Weg zu mir auf sich genommen haben. Sind Sie sicher, dass Sie nicht reinkommen und einen heißen Kakao trinken möchten?«
»Ich bin klitschnass, und bevor ich Sie dann noch um trockene Kleidung bitten muss, fahre ich lieber gleich nach Hause«, entgegne ich, obwohl das Angebot verlockend klingt. »Meine Mutter macht mir dann bestimmt auch einen heißen Kakao.«
Als ich bei meinem Fahrrad angelangt bin, ruft sie mir noch hinterher: »Wissen Sie, junger Mann: Das, was Sie Gutes tun, wird Ihnen irgendwann einmal auch an Gutem getan werden.«

Ich verstehe nicht ganz, was sie damit meint, lächele aber freundlich und winke ihr zum Abschied beim Wegfahren. Das Glücksgefühl, meine Aufgabe für diesen Tag erfolgreich erledigt zu haben, wärmt mich, bis ich zu Hause bin.

Maxi muss heute noch mal für einen Eingriff ins Uniklinikum, da es ihr sehr schwerfällt, das Essen und die Medikamente bei sich zu behalten. Wir sind mit vielen traurigen Erinnerungen und den dementsprechenden Gefühlen vorhin dorthin gefahren. Wenn alles läuft wie geplant und die Ärzte ihr etwas Linderung verschaffen können, geht es morgen wieder nach Hause.

WhatsApp | 16. Oktober 2020, 8:58 Uhr

OP gut überstanden. Maxi ist im Aufwachraum.

WhatsApp | 16. Oktober 2020, 11:56 Uhr

Schwerelos

21. Oktober 2020

Ich halte meine Hand in die kleine Plastikwanne. Das Wasser hat genau die richtige Temperatur. Perfekt. Ich flitze aus dem Bad, über den langen Flur unserer Altbauwohnung zum Wohnzimmer, vorbei am schlafenden Hund, der früher sofort in Erwartung, dass etwas Spannendes passiert, aufgesprungen wäre. Aber mittlerweile kennt er die Routine und beobachtet, wenn überhaupt, geduldig, wie ich an ihm vorüberhusche. Jetzt schläft er.

Im Wohnzimmer wartet Clara mit Maxi auf dem Arm vor der Wickelkommode. Rechts und links von der weichen Auflage stehen Pumpenständer, Diffusoren, Absaugpumpe, Wärmelampe und alles, was wir besorgt haben, um unserer kleinen Maus die Zeit zu Hause so angenehm wie möglich zu gestalten. Mit der Zeit sind immer mehr Geräte, Kabel, Schläuche, Ständer für die vielen Schläuche, Verbandsmaterial und zig Medikamente dazugekommen. Jetzt steht um den Wickeltisch herum eine Art Materiallager, das wir nur mit Mühe geordnet halten, um mit einem Handgriff das zu finden, was Maxi braucht, wenn es ihr schlecht geht.

Clara hat der Kleinen schon das warme, von meiner Mutter gestrickte Jäckchen ausgezogen und sie aus ihrem Strampler geholt. Maxi sieht herrlich proper und gesund aus. Sie ruht mit ihrem kleinen Popöchen auf Claras Unterarm und lehnt sich behutsam gestützt an. Ihr rechter Arm ist leicht gebeugt, weil Clara ihn in Position gebracht hat, damit er nicht schlaff an der Seite herunterhängt. Seit wir wegen der Krampfanfälle, die Maxi vor ein paar Tagen hatte, die Medikamentendosis erhöhen mussten, hat sie keinerlei Körperspannung. Jetzt sieht es aber fast so aus, als würde sie ihre Mama streicheln.

»Da ist Papi ja schon, jetzt wird herrlich gebadet.«

Vorsichtig nehme ich das Kind und schaue ihm in die Augen. Das eine Auge ist nach oben und zur Seite gerichtet, das andere nach unten. Anfangs war das befremdlich,

aber jetzt haben wir uns an diesen Anblick gewöhnt und lieben ihn irgendwie. Auch wenn Maxi keine Reaktion zeigt, keine Bewegung macht und keinen Laut von sich gibt, habe ich den Eindruck, dass ich in ihren Augen erkennen kann, was sie mag und was nicht. Jetzt lese ich darin eine gewisse Vorfreude auf die Badewanne.
Wer an den Augen nicht merkt, dass dieses kleine Kind schwer krank ist, der weiß das spätestens bei dem Anblick des dünnen, etwa 30 Zentimeter langen Schlauches, der aus Maxis Bauch ragt. Neben ihrem Bauchnabel befindet sich eine weiße Plastikmanschette, die den Schlauch fixiert, der zu der Magensonde gehört, über die Maxi ernährt wird. Dafür war eine weitere OP nötig. Nach dem Eingriff ist alles gut verheilt und nun dürfen wir endlich wieder baden.
»Dann genießt es mal«, sagt Clara liebevoll. Sie weiß, wie viel mir das Baden mit Maxi bedeutet. Die Sorge, dass jeder gemeinsame Tag der letzte sein kann, lässt mich nicht los. Deshalb nehme ich mir jeden Morgen vor, mindestens einen ganz bewussten schönen Moment mit meiner Tochter zu gestalten, um mich daran ein wenig festhalten zu können, wenn sie eines Tages nicht mehr da ist. Allerdings ist es in der täglichen Versorgungsroutine – von Medikamentengabe über Bestellungen bei der Apotheke und in Sanitätshäusern bis hin zur Abstimmung mit dem Palliativteam – gar nicht so leicht, solch einen Moment bewusst zu gestalten. Auch wenn Clara und ich jeden Handgriff der Pflege von Maxi mit Liebe und Ruhe machen, ist das nicht das Gleiche wie ein schönes Bad.
Ich spüre Maxis warmen Körper auf der Haut meiner Arme und durch mein T-Shirt. Weich und zart schmiegt sich das kleine Wesen an mich.

»Hast du sie?«, fragt Clara mit dem fürsorglichen Ton, den nur eine Mutter haben kann.

»Ja. Wir sind gleich wieder da.«

Auf dem Weg zum Bad gehe ich so vorsichtig, als würde ich eine randvolle Kaffeetasse balancieren. Im Badezimmer angekommen, lege ich Maxi in die Babywanne, die in einer Halterung über unserer Badewanne zu schweben scheint. Ich lasse Maxi sanft ins warme Wasser gleiten, auf dem ein paar Schaumkronen treiben. Zuerst die Beine und dann den Rücken, bis ihr Körper nahezu schwerelos wird. Vorsichtig ziehe ich eine Hand weg, in der anderen liegt ihr Köpfchen. Behutsam lasse ich ihn ein Stückchen ins Wasser sinken. Auch wenn mich keines ihrer Augen genau trifft, schauen wir uns auf unsere Weise an. Ich kann spüren, dass sie das Bad genießt.

Soweit es die kleine Wanne zulässt, bewege ich ihren Körper ein wenig hin und her. Die Arme und Beine gehen im Wasser mit. So auf dem Rücken liegend sieht sie ein bisschen aus wie Balu der Bär aus dem »Dschungelbuch«, wenn er im Fluss planscht. Mit meiner freien Hand wasche ich Maxi.

Nach ein paar Minuten kommt Clara mit dem großen Babyhandtuch in das Badezimmer. Das Wasser verliert recht schnell die Wärme, daher ist unsere Badezeit immer etwas früher vorüber, als es mir eigentlich lieb ist. Aber ich genieße jeden Augenblick. Ich hebe Maxi aus dem Wasser und übergebe sie an Clara. Erfüllt von diesem schönen Moment, aber auch tieftraurig wegen dessen Endlichkeit, brauche ich nach dem Bad einen Moment, um tief durchzuatmen.

Für Maxi beginnt nun der zweite Teil des Spaaufenthalts, wie wir dieses Ritual nennen. Clara trocknet die Kleine

ab, bringt sie zum Wickeltisch und cremt sie unter der Wärmelampe ein. Sie massiert die Arme und Beine, versorgt den Eingang der Magensonde und überprüft die vielen kleinen und großen Narben, die nach den OPs noch abheilen müssen.
Danach bin ich wieder an der Reihe. Mit der frisch gebadeten, eingecremten und versorgten Maxi auf dem Arm lasse ich diese gemeinsame Auszeit voller Dankbarkeit darüber ausklingen, dem Schicksal wieder einen schönen Moment abgerungen zu haben. Mit jedem entspannten Atemzug von Maxi sammele ich Kraft für den nächsten Tag, der entweder einen neuen schönen Moment oder den Abschied bringt.

23 Jahre später

28. Oktober 2020

Wir warten dringend auf ein Medikament für Maxi, da sie das, was sie eigentlich bekommen sollte, nicht vertragen hat. Endlich klingelt es. Ich öffne die Tür und vor mir steht ein groß gewachsener, schlanker Mann. Ich kenne ihn, er heißt auch Seemann und ist der Besitzer der Apotheke, für die ich als Vierzehnjähriger bei Wind und Wetter Medikamente ausgefahren habe. Seine Frau und er führen die Apotheke in der kleinen Einkaufsstraße immer noch. Clara hat dort heute Morgen, ohne es zu wissen, das Rezept eingereicht. Es war aber nicht vorrätig.
»Wir denken sehr an Sie!«, sagt der Apotheker. Er holt aus einer zweifach eingepackten Tüte eine Schachtel, dann

macht er eine Verbeugung, dreht sich um und verschwindet in das Abenddunkel. Ich gehe zurück in die Wohnung – mit dem Medikament in der Hand und einer Dankbarkeit im Herzen, die wohl damals auch die alte Dame verspürte.

»In Afrika wären Sie schon wieder schwanger«

2. November 2020

Es klingelt an der Tür und ich lasse die kleine, drahtige Ärztin des Palliativteams, das uns in unterschiedlicher Besetzung betreut, in die Wohnung. Ihre Bewegungen sind dynamisch und der Blick durch ihre randlose Brille forsch und frisch. Ich nehme Maxi in der Wanne des Kinderwagens mit in die Küche, wo Clara schon auf uns wartet. Wir setzen uns an unseren kleinen Bistrotisch, der in der Mitte des Raumes unter einer Lampe steht, die warmes Licht spendet. Draußen ist es regnerisch und kalt. Hier drinnen ist es warm und riecht noch ein bisschen nach unserem Mittagessen.

»Wasser?«, fragt Clara.

»Gerne«, antwortet die Ärztin freundlich, aber knapp, schließlich haben wir heute noch eine Menge vor. Der Medikamentenplan soll überarbeitet werden, mal wieder.

Anfangs haben wir immer noch Kaffee und Tee vorbereitet, wie man das so macht, wenn Besuch kommt. Nach einer Weile stellte sich aber eine gewisse Routine ein und wir versuchten, das Mittagessen, unsere erste Mahlzeit des Tages, noch rechtzeitig zu schaffen, um nicht völlig ausgehungert in das Gespräch zu gehen.

Maxi schläft in ihrer Wanne. Eigentlich ein wunderschöner Anblick, der in mir Behaglichkeit und Ruhe auslösen sollte, so als wäre die Welt in Ordnung. Auch wenn wir nicht wissen, ob Maxi schläft oder weit weg von uns ist, versuche ich, nicht zu viel darüber nachzudenken und die medizinische Erkenntnis, dass der Schlaf eher eine Art Koma ist, das durch die Hirnschäden und Nebenwirkungen der Medikamente hervorgerufen wurde, von mir zu schieben.

Während Clara der Ärztin von den letzten Tagen berichtet, schweifen meine Gedanken ab, zu einem Traum, den ich als Kind einmal nach dem Tod meines Vaters hatte. Er saß auf meiner Bettkante, lächelte mich an und fragte, wie es mir ginge. Mehr als ein »gut« brachte ich nicht heraus. Dann schauten wir uns in die Augen. Manchmal weiß so ein Traum wohl selbst nicht, in welche Richtung er sich entwickeln möchte. Ich erinnere mich an diesen liebevollen warmen Blick meines Vaters, der bedingungslose Liebe ausdrückte. Er wartete, bis ich endlich etwas sagte.

»Kann man im Schlaf sterben, Papa?«

»Nein, im Schlaf stirbt man nicht«, antwortete er mit einer ruhigen Gewissheit.

Das sind die einzigen Worte meines Vaters, an die ich mich erinnere, obwohl er sie im wahren Leben nie gesagt hat. Im Traum schaute ich nur einen Augenblick weg, um zu überlegen, was ich als Nächstes fragen könnte. Als ich wieder aufblickte, war er nicht mehr da.

»Wie waren die letzten Tage? Und geht es denn jetzt besser mit der Sondennahrung?«, fragt die Ärztin. Sie nimmt einen Schluck Wasser, während wir abwechselnd berichten, wie es läuft. Die Ärztin hört ruhig zu und trägt alles gewissenhaft in ihr Tablet ein. »Sie wissen ja, Dokumentation ist alles«, sagt sie zwischendurch lachend, »aber manchmal treibt mich dieses Ding in den Wahnsinn.« Bei über den Tag verteilt siebzehn Medikamentengaben, mit sich stets ändernden Dosierungen, bin ich für den ausgedruckten Plan, den uns das Palliativteam macht und der wie ein Stundenplan mit Magneten am Kühlschrank befestigt ist, jedes Mal dankbar, vor allem nachts um drei Uhr, wenn ich mich geistesabwesend frage, welches der Medikamente denn nun gerade dran ist.

Geschafft, denke ich beruhigt, als die Details besprochen sind.

»Wann werden Sie denn das nächste Mal nach Afrika fliegen?«, frage ich die Ärztin, weil ich aus zurückliegenden Gesprächen weiß, dass sie dort seit 30 Jahren Projekte begleitet. Vielleicht mag sie uns ja, nachdem wir die Pläne so akkurat durchgearbeitet und angepasst haben, ein wenig von ihren Erlebnissen erzählen.

»Na ja, mit Corona wird das wohl alles noch dauern.« Die Enttäuschung in ihrer Stimme ist nicht zu überhören.

»Was vermissen Sie denn am meisten?« So leicht gebe ich nicht auf. Weil ich intensive und wundervolle Erinnerungen mit Afrika verbinde, sind diese kurzen Gespräche wie ein Miniurlaub im Kopf.

Die Ärztin erzählt von dem letzten Projekt, einer kleinen Schule mit angebundener medizinischer Versorgung, und schildert, wie sehr es dort an allem fehlt. Dann resümiert sie: »Wenn man nichts mehr für einen kleinen Patienten tun kann, macht es allerdings keinen Unterschied, ob man in Afrika ist oder hier.«

»Sobald die sogenannte Spitzenmedizin am Ende der Möglichkeiten angelangt ist, sind alle Menschen gleich«, erwidere ich. In meiner Zeit in Afrika hatte ich das nur zu oft erlebt. Manchmal wusste ich zwar, was das Problem meiner Patienten war, mir fehlten aber die medizinischen Mittel. Manchmal war es mir noch nicht einmal möglich herauszufinden, was einem Menschen eigentlich fehlte, weshalb sich die Frage nach dem geeigneten Heilmittel erst gar nicht stellte. In solchen Momenten kommt es darauf an, menschlich für jemand da zu sein und nicht darüber zu jammern, dass etwas nicht möglich ist.«

»Ja, das habe ich auch oft erlebt«, erwidert die Ärztin, während sie auf ihr Wasserglas starrt, als sei es eine Glaskugel. Auf einmal blickt sie hoch, zuerst zu Clara, dann zu mir und sagt: »Aber wissen Sie was? In Afrika wären Sie schon längst wieder schwanger.« In der westlichen Welt gäben sich Eltern so sehr der Situation um ihr krankes Kind hin, erklärt sie, dass sich viele kaum vorstellen könnten, noch einmal schwanger zu werden. Sogar die Trauer erfülle Funktionen. Nach dem Tod des Kindes seien manche Eltern so in der Vergangenheit verhaftet, dass allein der Gedanke, noch einmal ein Kind zu bekommen, in unendliche Ferne rückt.

Bei ihren Worten muss ich an meine Mutter denken. Sie hat mir manchmal von ihrer Kindheit auf dem kleinen Bauernhof erzählt. »Johnny, damals war das ganz normal, dass auf einem Hof ein Kind, manchmal auch zwei Kinder starben – an einer schweren Krankheit, oft aber auch nach Unfällen. Deswegen hast du ja auch fünf Onkel und Tanten. Meine Eltern, wie alle anderen im Dorf auch, wollten damit auf der sicheren Seite sein. Aber glaub bloß nicht, dass die Eltern damals weniger gelitten hätten als

die Eltern heute, egal ob arm oder reich. Sie schauen einfach anders in die Zukunft.«
Ich nehme mir vor, mich in schwierigen Momenten an die Worte der Ärztin und die meiner Mutter zu erinnern. Denn das unbeschreibliche Unglück und das kaum ertragbare Leid sind das eine, aber wie man damit umgeht und in die Zukunft blickt, ist eben das andere.

Wir sitzen gerade bei Muttern auf der Terrasse und genießen mit Maxi die Herbstsonne. Nachdem Maxi ein paar Tage etwas wacher war, verbringt sie die meiste Zeit schlafend für sich. Das macht sie ab und zu ganz gerne. Euch allen einen schönen Sonntag.

WhatsApp | 15. November 2020, 15:41 Uhr

Alles, nur nicht rennen

20. November 2020, morgens

»Wir fahren eben zum Turnen.« Clara steht in einen langen Mantel gehüllt und mit Schal und Mütze im Flur. Maxi liegt dick eingemummelt im Kinderwagen, sie hat die Augen geschlossen und atmet ruhig. Am Freitagmorgen findet immer eine Stunde mit der Physiotherapeutin statt. In der Regel kommt sie zu uns nach Hause, aber manchmal geht das nicht, dann müssen wir zu ihr fahren. Maxi scheint das Turnen, wie Clara es liebevoll nennt, besonders gutzutun. Vor allem die Probleme mit der Atmung werden durch die liebevollen, professionellen Berührungen ein wenig gemindert.

»Ich mache dann Essen, wenn ihr wieder da seid«, sage ich und küsse zuerst Maxi und dann Clara auf die Wange.

»Und ich bringe noch einen Liter Milch und ein paar Granatäpfel vom Supermarkt bei der Praxis mit«, ruft mir Clara von draußen zu.

Beim Turnen in der Praxis ist die Physiotherapeutin immer so innig und intensiv mit Maxi beschäftigt, dass man diese Stunde nutzen kann, um ein paar Dinge zu erledigen, die sonst zu kurz kommen oder liegen bleiben: einkaufen, diverse Rechnungen für Behandlungen und Medikamente bezahlen, Hilfsmittel besorgen, einen Schwerbehindertenausweis oder Pflegegrad beantragen, Arbeits-E-Mails beantworten und so weiter. Deshalb haben Clara und ich gelernt abzugeben, auch wenn uns das anfangs richtig schwerfiel.

Vom Fenster aus schaue ich den beiden noch ein wenig hinterher. Clara schiebt den Kinderwagen mit dem geraden Rücken einer stolzen Mutter, die wie eine Löwin für das Wohl ihrer Tochter kämpft und dabei eine selbstbewusste Eleganz ausstrahlt. Dieser Anblick beeindruckt mich zutiefst. Wie macht sie das bloß?

Ich kehre zurück ins Esszimmer, wo die liegen gebliebenen Aufgaben auf mich warten. Auf dem Esstisch, auf dem Boden drum herum und auch auf dem Sofa sind Papiere ausgebreitet. An den großen Haufen ungeöffneter Post müsste ich mich eigentlich als Erstes machen, um all dem,

was sich über Wochen und Monate angestaut hat, Herr zu werden. Bis zum Mittagessen schaffe ich das, nehme ich mir vor und mache mich an die Arbeit.
Nach einer guten halben Stunde klingelt mein Handy. Die Nummer kommt mir bekannt vor, ich weiß aber gerade nicht, woher. Im nächsten Moment trifft es mich wie ein Blitz: Das ist nicht gut. Ein Gefühl der Angst macht sich breit, das mir fast die Luft abschnürt.
Ich drücke auf Anruf annehmen. Eine junge Frauenstimme sagt: »Guten Tag, Herr Dr. Wimmer, wir haben Ihre Nummer von der Praxis, in der Ihre Tochter gerade einen Termin hat. Die Physiotherapeutin ist mit der Kleinen zu uns gekommen, weil sie nicht mehr geatmet hat. Maxi ist jetzt hier bei uns in der Kinderarztpraxis auf der gegenüberliegenden Seite des Flures…«
»Ich bin auf dem Weg«, unterbreche ich die Anruferin und ziehe wenige Sekunden später die Wohnungstür hinter mir zu, ohne Jacke, nur mit dem Autoschlüssel in der Hand. Im Auto wünsche ich mir, ich hätte ein Blaulicht auf dem Dach.
Ich parke das Auto und laufe zur Praxis. Vor der Eingangstür fällt mir eine goldene Regel aus dem Rettungsdienst ein. Es bringt einem Patienten nichts, wenn der Arzt völlig außer Atem bei ihm ankommt. Also verlangsame ich kurz meine Schritte und hole tief Luft. Auf den Aufzug will ich trotzdem nicht warten und nehme mit zügigen Schritten die Treppe. Dafür muss die Kondition noch reichen. Oben angekommen, atme ich erneut tief durch und drücke auf den Klingelknopf der Kinderarztpraxis. Die Tür summt. Am Empfangstresen brauche ich gar nichts zu sagen.
»Ich bringe Sie zu ihr.« Die junge Praxishelferin geht vor mir auf dem Flur entlang. »Wir haben eben miteinander

telefoniert. Ihre Frau ist auch schon da und die Kleine atmet.«

Sie öffnet die Tür. Maxi liegt auf der Untersuchungsliege, im Gesicht eine kleine Sauerstoffmaske. Das Praxispersonal hat ein tragbares Gerät zur Überwachung der Sauerstoffsättigung angeschlossen. Auf den ersten Blick sind alle Werte stabil.

Claras sorgenvolles Gesicht hellt sich auf, als sie mich sieht. Ich nehme sie in den Arm. Dann beuge ich mich zu Maxi runter: »Da hast du kleine Maus uns ja einen ganz schönen Schrecken eingejagt.«

Die Tür des Behandlungsraumes öffnet sich und der Kinderarzt, ein groß gewachsener, kräftig gebauter Mann Anfang fünfzig tritt ein. Er trägt ein Oberhemd kombiniert mit einer Outdoorfunktionshose und wirft uns ein warmes Lächeln zu.

»Das erleben wir hier auch nicht alle Tage. Eine niedergelassene Arztpraxis ist ja keine Notaufnahme, aber ich glaube, wir haben Ihrer Tochter alles, was sie braucht, geben können.« Er schaut lächelnd zu ihr, dann auf die Zahlen auf dem kleinen Display des Überwachungsgerätes. Dieser Mann strahlt fachliche Kompetenz, jahrelange Berufserfahrung und Empathie aus, aber vor allem bringt er eine Ruhe in den Raum, die in mir eine wohlige Zuversicht auslöst, dass wir das Richtige für unsere Tochter tun.

Wenn meine Geschwister oder ich eine große Aufgabe bewältigt hatten, sagte meine Mutter immer: »Ich kann nicht stolz auf das sein, was du gerade gemacht hast. Das hast du selbst geschafft, und deshalb kannst vor allem du sehr stolz auf dich sein.« Zu wissen, dass wir diese fürsorglichen Menschen an unserer Seite haben, macht mich gerade fast ein wenig stolz. Clara und ich haben für Maxi

eine Umgebung geschaffen, in der sich Menschen behutsam und vorausschauend um sie kümmern und genau wissen, was sie tun. Aber ich bin mir auch bewusst, dass wir dem unausweichlichen Ende heute einen großen Schritt näher gekommen sind.
Als würde er meine Gedanken lesen, sagt der Kinderarzt: »Sie können so lange hierbleiben, wie Sie mögen. Und es ist sicherlich auch ein guter Moment, um zu überlegen, wie Sie nun weitermachen werden.« Er hält einen Moment inne und lächelt uns an. »Nehmen Sie die kleine Sauerstoffflasche gerne mit, sie wird allerdings nicht lange halten. Es wäre gut, wenn Sie für zu Hause etwas organisieren.«
Ich nicke und ziehe das Handy aus der Tasche, um das Palliativteam anzurufen.
»Schon erledigt«, wirft Clara ein. »Sie sind bereits auf dem Weg zu uns nach Hause mit einem großen Sauerstoffgerät.«
Wann hat sie das denn noch hinbekommen? Manchmal habe ich das Gefühl, dass Clara und ich wie eine Person sind. Oft denken wir das Gleiche, haben die gleichen nächsten Schritte vor Augen, nur mit dem Unterschied, dass Clara mir in der Ausführung stets einen Schritt voraus ist.

Geschenkte Zeit

20. November 2020, abends

Maxi schläft im Stubenwagen, neben ihr das Sauerstoffgerät, das an einen Rollkoffer erinnert. Ihre Atmung hat sich verändert, auch die Haut, obwohl immer noch wundervoll samtig und warm, ist sie blasser geworden. Sie

wirkt noch weiter weg als bisher. Mit jeder Faser meines Körpers spüre ich, dass ihr kleiner Körper schwächer als die Tage zuvor ist.
»Was hältst du davon, wenn wir uns etwas zu essen bestellen und einen gemütlichen Filmabend machen?«, schlage ich Clara vor. Wir müssen dringend etwas essen, um genug Kraft zu haben für den Weg, der vor uns liegt. Außerdem brauche ich ein leichtes Hintergrundrauschen gegen die Stille. Und reden mag keiner von uns, weil in den letzten Stunden schon so viele schwere Worte gesprochen worden sind. »Ruh dich doch ein bisschen auf dem Sofa aus, dann bringe ich dir Maxi zum Kuscheln.«
»Sie soll es ja auch gemütlich haben«, antwortet Clara und verschwindet, um sich eine gemütliche Jogginghose und einen weichen Pulli anzuziehen. Ich beuge mich über Maxi und nehme sie vorsichtig aus dem Stubenwagen, damit sich der Schlauch, der zu ihrer Nase führt und dort den Sauerstoff abgibt, möglichst nicht bewegt. Ich wiege sie in meinem Arm, berühre mit meiner Nasenspitze ihre Stirn und flüstere: »Du darfst gehen, wann immer du möchtest, mein Engel.« Sie ist in all den Wochen und Monaten so tapfer gewesen. Manchmal habe ich den Eindruck, dass sie nur für uns um jeden Tag auf dieser Erde kämpft, damit wir nicht einsam zurückbleiben.
Clara kehrt zurück, setzt sich aufs Sofa und ich lege Maxi behutsam auf ihre Brust. Ich hole noch ein paar Kissen und eine Decke, um Mutter und Tochter ein bequemes Lager zu bereiten. Primus schleicht ins Wohnzimmer und legt sich ans Fußende des Sofas unter Claras Beine. Im Hintergrund summt das Sauerstoffgerät. Wir machen den Fernseher an und entscheiden uns für eine seichte Komödie. Kurz darauf klingelt es an der Tür und das Sushi wird ge-

liefert. Genau das Richtige, um im Liegen mit einer Hand zu essen.
Ich setze mich auf das gegenüberliegende Sofa und beobachte Clara. Was ich sehe, ist eine Mutter, die weiß, dass sie das Wertvollste, was sie hat, verlieren wird. Sie wärmt ihr Kind mit all ihrer Liebe jeden Augenblick der verbleibenden Zeit. Die beiden liegen so innig und friedlich auf dem Sofa, dass ich mein Handy nehme, um ein Foto zu machen. Clara scheint es zu bemerken. Sie öffnet die Augen, dreht ihren Kopf zu mir und schenkt mir ein so wundervolles Lächeln, dass ich fast vergesse, auf den Auslöser zu drücken. Der Film plätschert vor sich hin, die Sushiplatten auf dem Couchtisch sind leer, das Kind scheint zu schlafen, aber wir wissen genau, dass sie nicht bloß schläft, sondern viel weiter weg ist als der Schlaf. Für einen kurzen Augenblick fühle ich mich, als würden wir nach einer langen Woche einen ganz normalen Freitagabend verbringen. Ich schließe die Augen, um dieses Gefühl einer alltäglichen Geborgenheit im Kopf einzufangen und abzuspeichern. Noch einmal nachfühlen, wie es wäre, ... wenn alles normal wäre. Ich kneife die Augen zusammen, um wie mit der »Speicher«-Taste am Computer den Moment festzuhalten. Als Anker, wenn mich irgendwann die Strömung der Trauer mitreißen wird.
Ich mache die Augen auf und bin wieder zurück im Hier und Jetzt. Die Müdigkeit, unser ständiger Begleiter, fordert ihren Tribut. Heute ist sie noch erdrückender als sonst. Sie legt sich über mich wie der Ascheregen eines Vulkans, der langsam alles unter sich erstickt. Aber es ist Zeit aufzustehen, um alles für die Nacht vorzubereiten und alle Eventualitäten abzuchecken. So wie jeden Abend überprüfe ich die Schachtel mit den Notfallmedikamenten, alles doppelt da, falls eine Ampulle kaputtgehen sollte oder eine Spritze nicht

funktioniert. Ich überprüfe die Absaugpumpe, lege neue Schläuche bereit, in doppelter Ausführung. Ich kontrolliere das Sauerstoffgerät. Das haben wir ja nur einmal, denke ich und würde am liebsten noch drei von den Dingern danebenstellen. Aber es wird funktionieren, versichere ich mir, während ich zum zweiten Mal alle Anschlüsse überprüfe.
Als ich ins Wohnzimmer zurückkomme, läuft gerade der Abspann des Films. Was würde ich darum geben, dass dieser Abend nie aufhört. Doch er zieht genauso unaufhaltsam vorüber wie die Namen der am Film Beteiligten auf dem Bildschirm. Was man nicht in Erinnerung behält, wird vom nächsten Augenblick einfach weggedrückt. Ich krame in meinem Kopf und checke, ob das Bild von Clara, Maxi und Primus, das ich vorher abgespeichert habe, noch da ist. Dieser Anblick bringt einen Hauch von Ruhe in meine Gedanken.
Clara streicht Maxi sanft über das dunkle Haar. Dabei schaut sie mich an und ich weiß, dass sie das Gleiche denkt wie ich. Irgendwann werden wir schlafen gehen müssen.
»Mach dich doch schon mal in Ruhe bettfertig, ich kümmere mich um Maxi und gehe ins Bad, wenn du fertig bist«, sage ich.
Ich nehme ihr die Kleine ab und lege sie vorsichtig in die Kinderwagenwanne, wo sie immer am besten schläft. Dann bringe ich sie, den Schlauch der Beatmungsmaschine vorsichtig hinter mir herziehend, ins Schlafzimmer. Clara schiebt das Gerät. Am Rand unseres Betts baue ich eine kleine Rampe für die Wanne, damit Maxis Kopf ein wenig höher gelagert ist. Die kleine Nachttischlampe spendet ein sanftes Licht, dunkel genug, damit wir schlafen können, und hell genug, damit wir sofort parat sind, falls Maxi krampft, erbricht oder keine Luft bekommt.

»Ich mach dann die Medikamentengaben ab vier Uhr«, sagt Clara, während sie sich ins Bett legt.
»O. k.«
Mittlerweile ist es ein Uhr nachts und wieder Zeit für Medikamente. Gewaschen und mit geputzten Zähne gehe ich in die Küche und werfe einen Kontrollblick auf den Plan des Palliativteams. Drei Medikamente aus dem Kühlschrank nehmen, jeweils in einer Spritze aufziehen, beiseitelegen, die Medikamentenflasche neben dem Kühlschrank nehmen, dann das gleich noch mal.
Clara versucht zu schlafen, während ich Maxi langsam den Inhalt der Spritzen über die Magensonde verabreiche und mit ein wenig Wasser nachspüle. Als ich fertig bin, lege ich mich in die Mitte des Bettes, zwischen Clara und Maxi, ein Kissen neben ihrer Wanne, auf das ich meinen Arm so platziere, dass ich ihre Hand halten kann. Die Haut ihrer Handfläche und der kleinen Finger ist warm und weich. Ich halte die Luft an. Maxis Atem ist so leise und flach, dass ich ganz genau hinhören muss. Es scheint, als würde sie mit jedem Atemzug weiter in die Ferne rücken. Ich schließe die Augen und streichle ihre Hand. Immer wieder wacht Clara auf und schaut zu uns rüber.
»Es ist alles gut, du kannst weiterschlafen«, sage ich.
Die Zeit vergeht in einer Dimension zwischen Traum und Wachsein. Ich halte Maxis Hand. Irgendwann läutet der Wecker. Vier Uhr. Clara steht auf und geht in die Küche, um wieder Medikamente vorzubereiten. Ich lege mein Ohr an Maxis Kopf und horche. Die Atmung ist noch flacher geworden, aber sie wirkt friedlich, fast ein wenig erlöst.
Nachdem Clara die Kleine versorgt hat, liegt sie wieder neben mir und streckt den Arm nach mir aus, sodass wir uns an den Händen berühren. Wir lauschen Maxis Atem,

ab und zu schaut einer zu ihr in die Wanne. Irgendwann schlafen wir für einen Moment ein.

Als ich die Augen wieder öffne, sitzt Clara auf meiner Seite des Bettes und streicht Maxi über die Stirn. »Ich glaube, sie ist nicht mehr bei uns«, flüstert sie.

Ich setze mich auf, küsse Maxi auf die Stirn, taste und horche, ob sie noch atmet und ihr Herz noch schlägt. Aber sie ist von uns gegangen. Ich nehme Clara in den Arm. Erst jetzt laufen ihr die Tränen über die Wangen.

»Ich stelle das Gerät ab und dann nehmen wir sie noch mal auf den Arm«, sage ich und lege den großen AN-/AUS-Schalter um. Stille. Ich entferne den Sauerstoffschlauch, hebe Maxi aus der Wanne und lege sie in Claras Arme. Die beiden sehen so friedlich aus, so wie es eigentlich sein müsste, aber es wird das letzte Mal sein. Für Tränen ist meine Trauer zu groß. Weinen werde ich wohl erst können, wenn ich einen kleinen Schritt Abstand genommen habe von dem, was gerade alles in mir vorgeht. Dieser Moment ist aber noch nicht da und wann er kommen wird, kann ich gerade nicht im Entferntesten erahnen. Meine ganze Aufmerksamkeit gehört diesem kleinen unschuldigen Kind, dem so viel Leid widerfahren ist. Mein Inneres fühlt sich wie eine leere Kathedrale an, dunkel und still. In mir herrscht Totenstille.

Ich öffne das Fenster, das vom Schlafzimmer in den Innenhof geht, und zünde die große Kerze an, die auf der Fensterbank steht. Während ich die kalte Luft einatme, die in den Raum strömt, kehrt mit dem Flackern der Flamme langsam, aber unaufhaltsam eine unglaubliche Ruhe in mir ein. Ich spüre das Gnädige, das der Tod mit sich bringt. Die Zeit auf der Intensivstation, die Anrufe der Ärzte, das Warten nach den OPs, das Starren auf Monitore und das

Überprüfen der Medikamentenpumpen löste in mir immer Fragen aus: Ist alles richtig so? Tun wir das Beste für unser Kind? Sollte man nicht noch dieses oder jenes machen? Im Angesicht des unwiederbringlichen Todes empfinde ich eine zweifelsfreie Klarheit, die mich regelrecht überrascht. Der Tod ist für die menschliche Seele so beruhigend, weil er als Zustand viel klarer als das Leben ist. Er ist unendlich, für alle Ewigkeit. Vielleicht hat Maxi auf den Moment gewartet, als Clara und ich schliefen, um es uns leichter zu machen, dass sie geht. Nachdem sie meinen innigsten Wunsch erfüllt hat, noch einige wunderschöne Momente mit ihr und Clara haben zu dürfen.

Maxi, unsere kleine Astronautin, hat sich heute in den frühen Morgenstunden geborgen und umsorgt in unserem Bett auf den Weg zu den Sternen begeben. Da wir gespürt haben, dass sich dieser Moment nähert, konnte die Familie in Ruhe und Frieden Abschied nehmen. Wir hoffen, die Glückseligkeit, Freude und Liebe, die Maxi in unser Leben brachte, zu bewahren und in ihrem Sinne weiterzugeben. Unser Wunsch ist eine Trauerfeier, zu der alle Menschen kommen, die uns etwas bedeuten und denen wir etwas bedeuten. Wie wir das in der aktuellen Lage umsetzen können, werden wir in den nächsten Tagen klären.

WhatsApp | 21. November 2020, 17:02 Uhr

Dem Flieger nicht hinterhersehen

2010

Meine Beine bewegen sich, aber irgendwie passt diese Bewegung nicht dazu, wie sich meine Beine anfühlen. Eigentlich sind sie noch gar nicht ganz wach. Sie müssen jetzt aber volle Arbeit leisten, damit ich den Flieger nicht verpasse. Ich versuche, so schnell wie möglich einen Fuß vor den anderen zu setzen und dabei die Passagiere, die den langen Flughafenkorridor entlangtrotten, zu überholen.
Ich komme aus den USA und will den Anschlussflug nach Hause auf keinen Fall verpassen. Doch die Zeit ist knapp. Normalerweise hat man auf dem Weg nach Europa Rückenwind über dem Atlantik, die meisten Flugzeuge kommen sogar ein wenig früher an, aber dieses Mal pusteten die Winde in alle möglichen Richtungen, nur nicht gen Heimat, und so kam ich fast eine Stunde zu spät in London an.
Das verschlafene Kribbeln in den Beinen weicht einem Brennen, das sich einstellt, wenn die Muskeln einem sagen: Ne, das reicht jetzt, schneller schaffen wir es nicht. Meine vom stundenlangen Sitzen völlig versteifte Muskulatur findet das gemütliche Tempo der noch schlaftrunkenen Touristen deutlich attraktiver. Langsam komme ich ins Schwitzen. Um schneller laufen zu können, habe ich mich dazu entschieden, die dicke Winterjacke anzuziehen, um sie nicht zusätzlich zu dem viel zu schweren Handgepäck schleppen zu müssen. Beim Abflug hatte ich mich noch gefreut, dass beim Check-in das Übergewicht

des Handgepäcks nicht aufgefallen war. Jetzt bekomme ich wohl die Quittung, denn mittlerweile brennt es nicht nur in meinen Beinen, sondern auch im rechten Arm. Im Laufen versuche ich mit ein wenig Schwung, die schwere Tasche vom rechten auf den linken Arm zu wechseln. Das gelingt nur so halb. Ich stolpere und kann mich gerade noch fangen. Spätestens jetzt ist mir richtig heiß. Ich will gar nicht wissen, wie das aussieht, und versuche jeglichen Augenkontakt mit den Menschen, die sich verwundert nach mir umdrehen, zu vermeiden. Hauptsache, ich bekomme diesen dämlichen Flieger. Doch da kommt schon das nächste Problem: der Securitycheck für internationale Fluggäste. Einer der Zollbeamten in den Kontrollkabinen, wo man seinen Pass vorzeigen muss, ist gerade dabei, sich für seine Schicht einzurichten. Das ist mein Mann, denke ich. Noch bevor er sich hingesetzt hat, stehe ich an der Scheibe und schiebe meinen Pass durch den Schlitz. Mitleidig und mit einem leichten Kopfschütteln schaut er auf den Pass, zögert, ob er ihn noch scannen soll, entscheidet sich aber dagegen und winkt mich gleichgültig durch.

»Gut, gut, gut!«, sage ich halblaut. Mein schneller Atem geht langsam in ein Hecheln über. Ein Blick auf die Beschilderung zeigt mir, dass ich im richtigen Terminal bin. »Sehr gut, sehr gut, sehr gut.« Ich schaue auf mein Ticket und suche nach dem Gate. Ah, da, Gate 62. Na also, geht doch. Jetzt muss ich nur noch herausfinden, an welchem Gate ich gerade bin. Ich sehe mich um. Gate 12. »Nicht gut«, rutscht mir heraus. Ich bleibe kurz stehen, um mich noch einmal zu vergewissern, dass ich richtig gelesen habe. Auf dem Ticket und zu meinem Unmut auch auf der Anzeigetafel steht: Hamburg Gate 62. Wie soll ich denn 50 Gates in – ja in wie viel Minuten eigentlich – schaffen? Abflugzeit ist für 11:20 Uhr angegeben und jetzt ist es 11:15 Uhr, das Boarding dürfte also schon vorüber sein. Ob die Beine wollen oder nicht, jetzt müssen sie alles geben. Ich laufe und laufe, Gate 22, Gate 32, Gate 42 ... Ganz hinten kann ich Gate 62 schon sehen. Im Laufen versuche ich auszumachen, ob da noch jemand wartet. Vielleicht hat der Flieger ja Verspätung.

An Gate 62 angekommen, halte ich dem Flughafenmitarbeiter am Abfertigungstresen mein Ticket mit dem Strahlen eines Marathonläufers, der gerade durchs Ziel gelaufen ist, unter die Nase. Aber statt eines anerkennenden Lächelns bekomme ich einen mitleidigen Blick. Die Glastür hinter ihm ist geschlossen und ich sehe, wie die Gangway langsam vom Flieger zurückfährt. Ich habe es nicht geschafft.

Zu Hause wartet die Familie, zu der ich mich so sehr zurücksehne. Der Mann am Schalter tippt etwas in seinen Rechner. Vermutlich, dass ein Passagier namens Dr. Johannes Wimmer nicht an Bord ist. Er ist einen Kopf größer als ich, hat eine mächtige Statur und ein freundliches Gesicht. Er wirkt auf mich wie ein sanfter Riese in einem hellblauen Hemd mit einer Krawatte, die viel zu klein für seine Statur ist. Der typische Flughafenausweis, der an der Brusttasche klemmt, wirkt auch viel zu klein. Er schaut mich mit seinen dunklen, sehr sanften Augen an und sagt mit ruhiger tiefer Stimme: »Schauen Sie nicht hinterher, das tut zu sehr weh.«

Der Tag danach

21. November 2020

»Möchtest du sie noch einmal baden?«, fragt mich Clara, kaum sind die Ärztin und die Pflegerin des Palliativteams gegangen. Mit viel Feingefühl haben sie alle Dinge erledigt, die nun einmal nötig sind, wenn ein Leben zu Ende gegangen ist. Wie oft habe ich Verstorbene ärztlich untersucht, alle Dokumente gesammelt und gesichtet und schließlich einen Totenschein ausgefüllt. Ich bin erleichtert, dass dieser Moment vorüber ist.

»Ja, noch einmal baden«, antworte ich und bringe den kleinen leblosen Körper ins Badezimmer, wo Clara schon das Wasser in die Babybadewanne eingelassen hat. Ich wasche ihren Körper und die Haare, in dem warmen Wasser fühlt sich unsere Tochter auf einmal wieder nach Leben an. Ein kaum auszuhaltender Schmerz überfällt mich. Keine Träne tropft ins Wasser.

Clara legt den Arm um mich. »Wann immer du fertig bist«, sagt sie leise.

Kurz darauf kehrt sie mit dem Handtuch in den Armen zurück und nimmt mir Maxi ab. Ich hole tief Luft, kurz habe ich das Gefühl, ein Schluchzen würde mich überkommen, aber die Luft entweicht einfach aus mir. Kein bitterliches Weinen. Nur stumme, tiefe Trauer, während ich das Badewasser aus der kleinen Wanne kippe. Wie jedes Mal nach dem Baden.

Am Wickeltisch salbt Clara behutsam Maxis Körper ein. Wir haben ganz bewusst keine besondere Kleidung für diesen Moment gekauft oder bereitgelegt. »Ein Kleid, das sie vorher noch nie angehabt hat, und sei es auch noch

so schön, passt irgendwie nicht«, sagte Clara vor ein paar Wochen.
»Komm, lass uns was Gemütliches und Schönes für Maxi raussuchen, damit sie auf der Reise zu den Sternen nicht friert«, sagt Clara, die Tränen zurückkämpfend. Ich kann sie verstehen. Es werden noch genug Momente kommen, in denen wir Rotz und Wasser heulen, aber jetzt machen wir alles so, wie es für Maxi am schönsten ist. Kopf hoch, tapfer sein!, klingen die Worte eines Freundes in meinem Ohr. Wir wählen ihren kuscheligsten Strampler aus feiner Wolle aus, eine Hose, die wir ihr immer so gerne angezogen haben, und eines der Jäckchen, die meine Mutter für sie gestrickt hat.
Als sie fertig angezogen vor uns auf dem Wickeltisch liegt, wirkt sie etwas verloren. »Ich mache einen schönen Platz zurecht, damit später alle noch einmal von ihr Abschied nehmen können.« Aus großen weißen Kopfkissen baue ich eine Wolke auf der Sitzfläche des Sofas, das vor dem großen Esszimmerfenster steht.
Als Maxi auf ihrer Wolke liegt, packe ich sie in die selbst gestrickte Decke ein, die sie von meiner Mutter zur Geburt bekommen hat, und lege eines ihrer Stofftiere, das sie auch im Krankenhaus stets begleitet hat, neben sie. All das ist das Schwerste und zugleich das Schönste, was ich jemals für einen Menschen machen durfte. Durfte, nicht musste, denke ich und empfinde eine unendliche Dankbarkeit, dass der Weg nicht plötzlich zu Ende gewesen ist. Es war uns vergönnt zu wissen, dass das Ende kommen würde, und jeden Tag mit schönen Momenten zu füllen.
Vom Fenster aus kann ich sehen, wie meine Mutter mit meinen Töchtern, Maxis Schwestern, und meine Schwes-

ter mit deren Töchtern auf unser Haus zukommen. Jedes Kind hat eine Kerze in der Hand. Als ich die Tür aufmache, fällt mir auf, dass alle vier Mädchen die Kerzen selbst verziert haben. Dieser Anblick rührt mich sehr, das müssen sie heute Morgen nach unserem Anruf gemacht haben.

»Die Kinder brauchen ja auch etwas, das sie Maxi mitgeben können«, sagt meine Mutter, als sie meinen Blick sieht, »und du weißt ja, ich hab so was immer da.« Ich nehme meine Mutter in den Arm und begrüße die Kinder. Clara kommt aus dem Schlafzimmer und tut das Gleiche. Dann fällt mir auf, dass alle so schick angezogen sind. Die Kinder stehen, wie man früher sagte, in ihren Sonntagskleidern vor mir und sogar Clara hat den kurzen Moment genutzt, um sich umzuziehen. Mal wieder. Auch der Rest der Familie hat sich ganz bewusst für diesen Moment gekleidet. Nur ich nicht.

Ich sehe an mir runter. Unter der Jogginghose trage ich noch meine Schlafanzughose. »Jetzt komme ich mir irgendwie blöd vor«, sage ich. Die Kinder lachen, wie das Kinder nun mal tun. Das bringt auch Clara und mich zum Lachen. »Was haltet ihr davon, wenn die Großen schon mal reingehen und ich euch noch einmal sage, was wir jetzt zusammen machen wollen?«

Große Kinderaugen schauen mich an. Die Mädchen nicken. Ich gehe in die Hocke und erkläre ihnen, was am Vortag und in der Nacht passiert ist und wie es nun weitergeht. Mit der Frage »Möchtet ihr jetzt zu Maxi?« beende ich meine Ausführungen. Wieder nicken die Kinder. »Dann zeige ich euch erst mal, wo ihr die Kerzen hinstellen könnt.«

Jeder Erwachsene und jedes Kind sitzen in Ruhe noch einmal bei Maxi. Die Kerzen strahlen zusammen mit Maxis

Taufkerze auf der Fensterbank im großen Fenster gegen den farblosen Wintertag an.
Auch Claras Eltern und ein paar Freunde kommen nacheinander vorbei. Es ist immer noch eine besondere Zeit, in der wir darauf achten, dass die Pandemieregeln eingehalten werden, auch wenn sie mir heute ganz besonders auf die Nerven gehen. Wir schenken jedes Mal Kaffee und für die Erwachsenen, die es brauchen, auch einen kräftigen Schluck aus. »Wenn nicht jetzt, wann dann«, sage ich zu mir selbst und öffne eine Flasche Champagner.
Die Kinder haben nach der anfänglichen Scheu wieder in ihre fröhliche Art zurückgefunden. Sie sitzen bei Maxi auf dem Sofa und brabbeln untereinander über all das, was gerade passiert. Eine der Cousinen legt ihre rechte Hand auf Maxis Stirn, zieht meine andere Tochter neben sich näher heran und legt die linke Hand auf ihre Stirn. Dann sagt sie: »Stimmt. Ihre Stirn ist viel kälter als deine.«
Am Nachmittag klingelt es an der Tür. Frau Seemann vom Bestattungsinstitut steht in Schwarz gekleidet im Hausflur. Ich hatte sie angerufen und gebeten, so früh zu kommen, dass es noch hell ist, wenn Maxi abgeholt wird.
»Vielleicht möchten die Kinder ja den Wagen einmal sehen«, sagt sie, als sie meine Töchter hinter mir entdeckt. »Der hat nämlich einen Sternenhimmel.«
Wir gehen nach draußen.
»Jetzt wäre dann der Moment, wo sich jeder noch einmal in Ruhe verabschieden kann«, sage ich und klinge dabei ein bisschen wie ein Sprecher zu königlichem Hofe, der durch das Protokoll führt. Schweigend kehren wir ins Wohnzimmer zurück und einer nach dem anderen gehen wir zu Maxi, um ihr unsere Wünsche mit auf den Weg zu geben.

»Ich habe noch etwas mitgebracht.« Meine Mutter nimmt mich beiseite, in der Hand hält sie eine große Papiertüte. »Du hast dir doch gewünscht, dass ich etwas für sie nähe. Das habe ich neulich schon angefangen und vorhin fertig gemacht.« Sie zieht ein kleines weißes Seidenkissen und eine Decke aus der Tüte.
»Damit sie nicht friert«, murmle ich vor mich hin.
Es haben sich alle verabschiedet, als eines der Mädchen halb in ihrer Jacke und mit nur einem dicken Winterstiefel am Fuß wie ein Pirat mit seinem Holzbein ins Zimmer stürmt und ruft: »Ich möchte ihr noch mal Tschüss sagen.«
Eines Tages werde ich mich bei den Kindern dafür bedanken, wie sehr sie mir an diesem schweren Tag geholfen haben. In so einem Augenblick die Menschen, die ich so sehr liebe, um mich zu haben ist ein wahres Geschenk. Es gibt mir Kraft für das, was jetzt noch kommt.
Das Wohnzimmer ist mittlerweile leer und Clara und ich überlegen, wer von uns den kleinen Körper in den Sarg umbettet.
»Ich möchte mich von ihr verabschieden und dann wäre es schön, wenn du das machst«, schlägt Clara vor.
Ich nicke.
Jemand zupft an meinem Sweatshirt. Erst jetzt fällt mir auf, dass ich mich immer noch nicht umgezogen habe. Ich drehe mich um. Da steht meine älteste, neunjährige Tochter und sagt mit fester Stimme: »Ich möchte gerne dabei sein.«
»Dann machen wir das zusammen.«
Die beiden Mitarbeiter des Bestattungsinstitutes bringen den kleinen Sarg aus Eichenholz. Frau Seemann überblickt alles und leitet uns mit ruhiger Stimme bei dem an, was wir nun tun. Der Sarg wird geöffnet. Maxis Schwester

legt das kleine Kopfkissen behutsam ans obere Ende. Sie schaut sich das Kissen an, rückt es an der einen Ecke noch einmal zurecht und bestätigt mit einem Nicken, dass sie zufrieden ist. Ich hebe Maxi, eingeschlagen in ihrer Strickdecke, von der kleinen Wolke auf dem Sofa in den weich ausgekleideten Sarg. Wir decken sie mit der kleinen, mit Seide überzogenen Daunendecke meiner Mutter zu. Dann geht meine Tochter nach draußen zu den anderen.

Die Bestatter heben routiniert den Sargdeckel an und geben uns zu verstehen, dass sie ihn nun verschließen. Die Vorstellung, dass der Sarg gleich zu ist, kann ich kaum ertragen. Aber ich will Maxi in diesem Augenblick, wenn es dunkel um sie wird, nicht alleine lassen. Als ich bereit bin, nicke ich den Bestattern zu. Behutsam legen sie den Deckel auf den Sarg. Mein Herz bleibt für einen Augenblick stehen.

Mit geschickten Handgriffen verschließen die Bestatter den Sarg mit den dafür vorgesehenen Schrauben und heben ihn, als sie fertig sind, an. Wir gehen hinter dem Sarg nach draußen. Clara und ich berühren noch einmal das gemaserte Holz des Sarges.

»Ich will auch noch ein letztes Mal Tschüss sagen.« Meine Tochter streicht, wie sie es eben bei uns gesehen hat, über das Eichenholz.

Die Bestatter schieben den Sarg in den Wagen und schließen die Heckklappe.

»Komm, wir gehen rein«, sage ich zu Clara und den Kindern und lege den Arm um sie. »Nicht hinterherschauen, das tut zu sehr weh.«

Ein Jahr in Schwarz

1991

Mein achter Geburtstag. Es klingelt an der Haustür. Einige Gäste sind schon da an diesem sonnigen Maitag. Ich öffne die Tür und meine Oma kommt herein. Sie ist eine kleine, zart gebaute ältere Dame, etwas zerbrechlich mit einem Gesicht wie aus Porzellan, komplett in Schwarz gekleidet. Ein gewohnter Anblick.

Sie hat ein Geschenk in der Hand. Das ist aber auch das Einzige, was den fröhlichen Anlass des Tages vermuten lässt. Ansonsten stehen alle Zeichen auf Trauer, der schwarze lange Rock, die schwarze Bluse, darüber eine schwarze Strickjacke und sogar ein schwarzer Regenschirm, obwohl die Sonne strahlt und sich alle Mühe gibt, meine Oma von der Fröhlichkeit des Tages zu überzeugen. »Hallo«, sage ich und schaue fragend in den Himmel, ob sich da vielleicht irgendwo Vorboten eines Regenschauers zeigen. Nichts, keine Wolke zu sehen. Es muss doch einen Grund für den Regenschirm geben, denke ich mir, während ich ihr aus der Jacke helfe.

»Na, Johnny«, sagt Oma, aber nicht, wie alle anderen es aussprechen, nämlich wie das englische »Dschonny«, sondern so, wie man den Namen schreibt, mit J.

Ihr Mann, mein Großvater, der ein halbes Jahr vorher gestorben ist, sagte noch nicht einmal Johnny, sondern ausschließlich Johannes, wenn er mich überhaupt beim Namen nannte. Alle englischen Begriffe waren verboten. An jedem seiner Geburtstage erinnerte Oma uns daran, dass wir keine englischen Geburtstagslieder wie »Happy Birthday« singen durften. Es musste ein deutsches Lied sein.

»Heute ist dein großer Tag«, redet Oma weiter und ich bin mir nicht sicher, ob ich da nicht ein kleines Lächeln auf ihren Lippen sehe. Na, dann hast du dich ja entsprechend angezogen, sage ich mir selbst und rolle innerlich mit den Augen, während ich mit der einen Hand mein Geschenk mit einem »Vielen Dank, Oma« und mit der anderen den Regenschirm entgegennehme. »Die anderen sind auf der Terrasse«, füge ich hinzu und stelle den Regenschirm immer noch verwundert in das alte Milchfass neben der Tür.
Mit den anderen sind meine beiden Geschwister, meine Patentante und eine ältere Dame gemeint, die auf uns aufpasste, wenn meine Mutter Termine hatte oder, was selten der Fall war, einmal abends ausgehen wollte. Wir nennen sie liebevoll Tante Ilse, so wie das schon mein Vater tat, weil sie sich, als er klein war, auch um ihn kümmerte, als meine Großeltern noch den kleinen Kolonialwarenladen, eine Art kleines Feinkostgeschäft mit Köstlichkeiten aus aller Welt, an einer Straßenecke in Altona besaßen.
Tante Ilse ist die Großmutter meines Herzens. Meine Geschwister und ich haben zu ihr ein innigeres Verhältnis als zu Oma, die gerade mit kleinen zarten Schritten durch den Flur ins Wohnzimmer geht, von wo man auf die Terrasse kommt. Ich biege in die Küche ab und beobachte meine Mutter, die mit dem Rücken zu mir an der Spüle steht. Sie füllt eine große Schale mit Erdbeeren, deren Grün sie gerade mit flinken Handbewegungen entfernt hat. Der Schokoladenplätzchenkuchen, ein einfacher Pufferkuchen gefüllt mit Schokoladenstückchen, den es jedes Jahr zu meinem Freudentag gibt und ohne den ein Geburtstag einfach kein Geburtstag ist, steht schon bereit. Die Kaffeemaschine plätschert vor sich hin und verbreitet im ganzen Haus den heimeligen Geruch frisch gebrühter Bohnen.

»Wann trägt Oma eigentlich endlich kein Schwarz mehr?«
»Das musst du sie selbst mal fragen.«
Komisch, wundere ich mich, das muss sie doch wissen. Meine Mutter kann sonst immer alles erklären. Ich drehe mich um und laufe durch den Flur ins Wohnzimmer, um Oma mit etwas Glück noch abzufangen, bevor sie auf der Terrasse ist. Am Esstisch muss ich abrupt bremsen, um nicht in sie hineinzulaufen. Sie hat dort eine Pause eingelegt, sich einen der Stühle ein wenig vom Tisch weggezogen und mit Blick auf die sonnige Terrasse hingesetzt, wo die anderen am blumenverzierten Geburtstagstisch sitzen.
Oma mag es nicht, wenn wir Kinder hektische Bewegungen machen oder unruhig sind, also tue ich so, als wäre ich gerade nicht ins Wohnzimmer gestürmt, sondern ganz ruhig hineingegangen. Ich stelle mich vor sie und warte, bis ich ihre Aufmerksamkeit bekomme.
»Oma?«, frage ich, als sie mich endlich anschaut, »wie lange trägst du eigentlich noch Schwarz?« Ich habe absichtlich nicht gefragt, warum sie das tut, denn die Antwort ist klar: als Zeichen der Trauer über ihren verstorbenen Ehemann, der für sie einem Heiligen gleichkommt. Für sie war er unfehlbar, was er sagte, war Gesetz.
»Ich werde es noch eine ganze Zeit tragen, sicherlich noch weit über das Trauerjahr hinaus.« Mein Kopf kann nicht glauben, was meine Ohren hören. Für mich ist seit dem Tod des Großvaters vor sechs Monaten eine halbe Ewigkeit vergangen, allein sechs Wochen Sommerferien erscheinen mir ja schon unendlich. Ich kann es nicht fassen und will mich gerade abwenden, um diese unbegreifliche Neuigkeit meiner Mutter in der Küche zu erzählen. Ich verlagere das Gewicht auf meinen linken Fuß, um mich behutsam

aus der Situation zu lösen, als Oma noch einmal ansetzt: »Aber vielleicht trage ich Weihnachten eine weiße Bluse.« Dabei schwingt fast ein wenig Stolz und Vorfreude in ihrer Stimme mit. »Und vielleicht lache ich dann auch wieder«, schiebt sie noch hinterher.

Wie bitte? Ich bin mir nicht sicher, ob ich noch einmal zu meiner Mutter in die Küche gehen soll, um ihr von Omas Antwort zu erzählen, oder ob ich doch lieber rausgehe, um die Wetterlage zu prüfen. Ich entscheide mich gegen die Küche.

Wenig später stehe ich auf dem Rasen und schaue in den Himmel. Keine einzige Wolke über mir. Um sicherzugehen, checke ich alle Himmelsrichtungen ab. Nichts. Hm, vielleicht wünscht sich Oma einfach nur, dass es regnet, weil das Grau besser zu ihrer traurigen Kleidung passt. Die wird noch ewig Schwarz tragen, und wenn es nur ist, um uns allen ihre Trauer unter die Nase zu reiben.

Da dämmert es mir auf einmal: Der Tod hat meine Oma in die Tiefe gezogen, als ihr Sohn viel zu früh gestorben ist, und hat sie und meinen Opa kaputtgemacht. Von da an sahen sie aus wie Krieger, die die entscheidende Schlacht ihres Lebens verloren haben und nicht wissen, warum.

Ich marschiere zum Zaun. Dort hebe ich einen Stock auf und schlage auf den nächstbesten Rhododendron ein. Klar hat sie damals ihren Sohn verloren, aber der war auch immer noch mein Papa gewesen. »Das ist doch Scheiße!«, entfährt es mir und ich gebe dem Rhododendron den Rest. In diesem Augenblick beschließe ich, mir nicht vorschreiben zu lassen, wann ich lachen darf oder wie lang ich traurig sein muss.

Wie gewachsen

25. November 2020

Ich ziehe an dem dicken hölzernen Griff in Form eines Blattes, der an der großen, schweren Glastür befestigt ist. Der Duft von tropischen Blumen, Rosen und feinen Gewächsen strömt mir entgegen. Wir betreten den vorderen Teil des ehemals kleinen Blumenladens, der über Generationen zu einem regelrechten Paradies für Blumensträuße, Blumenarrangements und eben auch Trauergestecke geworden ist. »Ah, Herr und Frau Wimmer. Der Chef ist gleich für sie da«, ruft uns eine Mitarbeiterin von hinten freundlich zu, wo sie an einem großen Holztisch gekonnt riesige Blumen, Zweige und Gräser zu einem Strauß zusammenbindet.
Ich kenne diese gläsernen Räume gut, da ich in der Straße, in der sich der Laden befindet, aufgewachsen bin. Als Kind schenkte ich ihm nur wenig Beachtung, Blumen Graaf war einfach da. Ich habe auch erst viel später verstanden, dass der Name nichts mit einem echten Grafen zu tun hat, sondern der Nachname der Inhaber ist. Ihre »Handschrift« sind luftig und locker gebundene Sträuße, die den Eindruck erwecken, als wären die Blumen gerade eben auf einer wundervollen sommerlichen Wiese gesammelt und locker gebunden worden. In den letzten Jahren ist dieses Geschäft zu meiner Anlaufstelle geworden, wenn ich Clara mit einem besonderen Strauß überraschen will, zum Geburtstag, als Anerkennung für ein erfolgreich beendetes Projekt oder einfach nur, um ihr eine besondere Freude zu machen.
Dieses Mal sind wir aus traurigem Anlass gekommen und haben extra einen Termin gemacht. Es ist uns ein Bedürf-

nis, ganz besondere Blumen für Maxis letzten Weg auszuwählen. Clara geht vor mir durch die Gänge an Vasen voller Blumen und zarten Zweigen mit exotischen Blättern, heimischen Gräsern und für mich völlig fremdartigen Gewächsen vorbei. Die leuchtenden Augen, mit denen sie die Blumen sonst anschaut, sind einem traurigen, leeren Blick gewichen, die zarten Berührungen, um ihre Schönheit zu begreifen, einem zaghaften Betasten, das in jeder Bewegung den Schmerz des Vergänglichen ausdrückt.
Auf einmal bleibt sie stehen. Es scheint, als könnte sie keinen Schritt mehr machen. »Vielleicht warten wir einfach hier auf Herrn Graaf«, sagt sie.
Die Opulenz all der Blumen passt einfach nicht zusammen mit der beklemmenden Aufgabe, die Trauerfeier für das eigene Kind zu planen. Ich würde am liebsten sofort wieder gehen, weil dieser Widerspruch kaum auszuhalten ist. Zwischen all den Farben und Düften fühlt sich der Weg, der vor uns liegt, noch schwerer an. Draußen ist es kalt, der Boden halb gefroren und kein Blatt mehr am Baum. Das passt viel besser zu unserer Stimmung. Mit hängenden Schultern warten wir in einem kleinen Gang in der Ecke des großen Verkaufsraumes, bis eine angenehme männliche Stimme hinter uns sagt: »Guten Tag, liebe Familie Wimmer. Was halten Sie davon, wenn ich Sie einfach mal mitnehme und wir uns in Ruhe hinsetzen?«
Michael Graaf, der Besitzer, führt uns eine Treppe hinunter, durch ein paar Gänge in einen abgelegenen Raum, in dem ein großer Tisch und ein paar Stühle stehen.
»Hier haben wir alle Ruhe, die wir brauchen«, sagt er freundlich und bietet Clara einen Stuhl an. Als würde er spüren, dass wir noch gar nicht bereit sind, über die Blumenauswahl für den bevorstehenden schweren Tag zu

sprechen, erzählt er von den Umbauplänen und dass er nach der Krankheit seines Vaters das Geschäft übernommen hat und alles Mögliche auf einmal machen musste.
»Und wie haben Sie das geschafft?«, frage ich, weil er so bildhaft erzählt, dass ich für einen Moment vergesse, warum wir überhaupt hier sind.
»Ich bin übrigens Michael«, sagt er und erzählt die Geschichte.
Wir unterhalten uns noch eine Weile, bis zum ersten Mal, seit wir in dem Raum zusammensitzen, Stille einkehrt. Wie nach einer Theatervorstellung, wenn der Vorhang fällt und keiner klatscht, weil die Bilder noch im Kopf nachwirken.
»Ich mache das richtig schön für euch«, durchbricht Michael das Schweigen. »Die Blumen werden aussehen, als seien sie dort gewachsen. Nicht zu viele und nicht zu wenige, ganz natürlich.«
»Das würde uns sehr helfen.« Clara wirkt, als sei ihr eine große Last von den Schultern genommen worden.
»Kommt, wir gehen hoch und ihr sucht euch Farben aus.« Michael ist sichtlich zufrieden und voller Tatendrang. Wir folgen ihm zurück in die Verkaufsräume. Wie ein Hase schlägt er Haken zwischen den einzelnen Kunden und Verkäufern, hier und da nett grüßend. Dabei zeigt er uns verschiedene Blumen. Gefällt uns eine, zieht er sie gekonnt aus dem Bündel in der Vase und legt sie zu den bereits gesammelten in seinem linken Arm.
Nachdem wir einmal mit ihm alle Ecken, Tresen und Regale abgelaufen sind, geht er zu einem freien Verkaufstisch und breitet die Auswahl vor uns aus. »Wenn wir diese Töne kombinieren, wird es, glaube ich, besonders schön.« Er stellt ein Arrangement zusammen. »Dazu das nötige Grün und

etwas zum Auffüllen«, fügt er hinzu und ich habe den Eindruck, er sagt das eher zu den Blumen als zu uns.
Clara nickt, berührt die Blumen vorsichtig mit ihren Fingerspitzen, als würde sie Maxi über die Wange streichen. »Ja, die Farben passen zu unserer Tochter.«
»Dann bereite ich morgen alles vor und wir bewahren die Gestecke hinten im Glashaus auf.«
»Wie, jetzt schon?«, rutscht es mir heraus. »Die Trauerfeier ist doch erst in über einer Woche. Dann sind die Blumen doch gar nicht mehr frisch.«
»Die Gestecke sollen für eure Tochter an dem Tag in voller Blüte sein. Das ist anders als bei einem Strauß, der zu Hause langsam aufgeht. Ich hole die Blumen morgen in aller Früh frisch vom Großmarkt, dann binden wir sie und bei der Trauerfeier strahlen sie in ihrer vollsten Pracht.«
Genau so soll es sein. Clara und ich sind uns einig: Wir werden alles dafür tun, dass sich an diesem Tag auch das Schöne im Traurigen zeigen darf.

Unter der Dusche

2. Dezember 2020

Eine Nacht gefüllt mit Leere und Stille liegt hinter mir. Sagt man das so, frage ich mich und setze mich im Bett auf. Wie kann denn etwas mit Leere gefüllt sein? Ich stehe auf und mache die ersten Schritte auf dem Weg ins Badezimmer. Eine Nacht entleert von Stille? Auf einmal spüre ich einen stechenden Schmerz in meinen Füßen. Ich habe die ganze Nacht mehr oder weniger wach gelegen. Ab und zu schreckte ich nach einem von mehreren fast fieberähnlichen Träumen hoch, deren wiederkehrendes, erdrückendes Thema war, dass ich keinen Schritt vorankomme: Ich stand vor einer verschlossenen Tür, bestand eine Prüfung nicht, fand nicht aus dem Wald oder suchte ein Kind, ohne es zu finden. Der liebe Sigmund Freud hätte seinen Spaß an mir. Der nächste Schritt auf dem Holzboden erinnert mich schmerzhaft daran, dass ich in diesen Träumen so verkrampft war, dass sich die verspannten Füße jetzt anfühlen, als würde ich auf Scherben laufen. Es sind erst Tage vergangen, seit wir Maxi haben Lebewohl sagen müssen. Tagsüber versuche ich mich mit Arbeit, sehr viel Arbeit, der Organisation der Beerdigung und allem Möglichen, selbst komplett absurdem Papierkram abzulenken, aber nachts kommen die schweren Gedanken.

Im Badezimmer steige ich in die Dusche. Irgendwie muss ich mir den Schlaf aus den Augen waschen. Vielleicht gibt mir das Wasser zumindest das Gefühl, eine Stunde erholten Schlaf gehabt zu haben. Wenn man verkatert ist, funktioniert das ja auch. Aber kaum läuft das Wasser, überkommt mich all die Trauer, der Schmerz und auch die Wut. Gebeugt beobachte ich die Tropfen, die aus dem Duschkopf wie aus einer Regenwolke in Richtung Boden fallen. Aus dem Nichts taucht ein Bild vom Meer wie eine rettende Insel in meinem Kopf auf. Ich richte mich auf, neige meinen Kopf zur Seite und lasse das Wasser übers Ohr laufen. Da ist es, das Meeresrauschen. Ich wiederhole dasselbe auf der anderen Seite, um das Rauschen zu verstärken. Dann hebe ich den Kopf wieder. Das Wasser strömt über mein Gesicht und hüllt mich in dieses einzigartige beruhigende Rauschen des Meeres. Ich schließe die Augen und bin in Südafrika.

Meine Füße baumeln im kalten grünen Wasser. Mein Blick ist auf den Strand gerichtet. Die Wellen, die nicht riesig waren, als wir ankamen, sind verschwunden. Die Wasseroberfläche ist spiegelglatt. Mittlerweile komme ich mir vor, als würde ich auf meinem Surfbrett inmitten einer riesigen Badewanne sitzen. Ich schaue zu den beiden anderen Jungs, mit denen ich hier am Strand surfe. Der eine guckt nach oben in den Himmel, als würde er sich dort eine Lösung für unser Problem erhoffen, der andere schaut zu mir. Wir zucken beide gleichzeitig mit den Schultern.
Ich wende das Brett zum offenen Meer und erschrecke. Ohne dass es uns bis dahin aufgefallen war, haben sich vom Horizont her dunkle Wolken in unsere Richtung geschoben. Der Himmel war schon am Morgen nicht besonders klar, auch die Sonne hat sich den ganzen Tag noch nicht gezeigt. Aber nun wird es auf einmal gespenstisch dunkel. Wie eine Walze rollen die dunklen Wolken auf uns zu und das Licht ändert sich. Alles steht Kopf: Das Meer ist gerade so ruhig wie sonst der Himmel und der Himmel so aufgebracht wie normalerweise das Meer. Die ersten dicken Tropfen schlagen auf meinem Neoprenanzug und auf dem Wasser auf. Zuerst kann ich noch jeden Tropfen einzeln aufprallen hören, dann wird daraus ein Trommelwirbel und schließlich ergießen sich die Wolken über uns.
Es ist so dunkel geworden, dass ich meine Freunde, auch wenn sie vermutlich nicht weit von mir entfernt treiben, nicht mehr sehen kann. Das süße Regenwasser strömt mit einem ohrenbetäubenden Rauschen über mein Gesicht. Ohne den Mund zu öffnen, kann ich es schmecken. Die grünliche Wasseroberfläche, die mich kurz zuvor noch ruhig getragen hat, vibriert unter den unendlich vielen

Regentropfen. Das gewaltige Rauschen des Regens, die unwirkliche Lichtstimmung und der süße Geschmack des Wassers auf meinen salzigen Lippen sind so überwältigend, dass ich es kaum wage zu atmen. Irgendwann muss ich aber atmen und sauge mit aller Kraft die Luft durch die Nase ein. Es duftet nach einer Mischung aus aufgepeitschtem Meerwasser und frischem Regen. All meine Gedanken werden mit dem Wasser weggespült. Das Rauschen umhüllt mich wohlig. Ob sich so ein ungeborenes Kind im Mutterleib fühlt, das eingehüllt in den Blutstrom der Mutter wundersam behütet und geborgen im Fruchtwasser plätschert?
Ich spüre, wie das Wasser über meinen Körper strömt. Die Tränen, die ich sonst mit aller Kraft zurückkämpfe, laufen über mein Gesicht, aber man sieht sie nicht. Sie werden eins mit dem Strom des Wassers. Ein Song kommt mir ins Ohr, der davon erzählt, wie das Meerwasser durch die Tränen der Haie salzig geworden ist. Tränen, die man aber nie sieht, da der Haifisch im Wasser schwimmt. Mein Körper bebt, während ich versuche, zumindest das Schluchzen zu unterdrücken. Aber auch das findet seinen Weg nach draußen. Ich stehe unter der Dusche und weine, schluchze, heule. Irgendwann ist alles raus, die Tränen fließen nicht mehr. Und ich schaffe es, tief durchzuatmen, erst einmal, dann noch einmal.
Meinen Patienten in der Psychiatrie habe ich immer gesagt, dass man Gefühle genauso wenig wie ein Pferd, das mit einem durchgeht, mit noch mehr Druck im Zaum halten kann. Als Reiter weiß ich, dass das nichts bringt. Wird der Rücken des Pferdes hart wie ein Brett und rast man wie auf einem vierbeinigen fliegenden Teppich dahin, wird das Pferd nur noch wilder, wenn man aus Angst

vor Kontrollverlust die Zügel noch stärker anzieht. Es ist besser, einmal locker zu lassen, bis das Pferd seine Energie losgeworden ist und sich beruhigt hat, und man es dann durch sanftes, aber bestimmtes Aufnehmen der Zügel wieder kontrollieren kann.
Genau so geht es mir gerade: Statt mit aller Gewalt die Traurigkeit zu bremsen, ist es heilsamer, den Schmerz einmal durchgaloppieren zu lassen. Auch wenn ich mir eingestehen muss, dass ich es nicht bewusst gemacht habe, sondern sich die Trauer, so wie es ein Pferd tut, ohne vorher zu fragen, ihren Weg gesucht hat.
Auf einmal ist Ruhe in meinem Kopf, keine Bilder, die blitzartig vor meinen Augen wechseln, sondern sanfte Ruhe. Ich stelle das Wasser ab, steige aus der Dusche und trockne mich ab. Dann gehe ich zurück ins Schlafzimmer und lege mich zu Clara.

Schön traurig

4. Dezember 2020

Die Strahlen der tief stehenden Wintersonne fallen durch die eingefassten Gläser der Fenster und füllen das kleine Kirchenschiff, in dem wir sitzen, mit warmem Licht. Wie eine Himmelsleiter, denke ich und sage leise zu meinen Kindern: »Wisst ihr was? Ich glaube, so sah es aus, als Maxi in den Himmel aufgestiegen ist.« Sie blicken zu den Fenstern und nicken.
»Lass uns früh zur Kirche fahren«, hatte ich am Morgen zu Clara gesagt. »Dann können wir beim Aufbau der Blumen

und wenn der Sarg mit Maxi gebracht wird, dabei sein. Es tut uns bestimmt allen gut, nicht plötzlich davorzustehen.« Die Mitarbeiter des Blumengeschäfts tragen Gestecke und Sträuße in die Kirche und drapieren sie neben dem Sockel, auf dem später der kleine Sarg stehen wird. »Die Blumen werden aussehen, als seien sie dort gewachsen«, erinnere ich mich an die Worte von Michael, »nicht zu viele und nicht zu wenige, ganz natürlich.« Die Blumen sehen tatsächlich aus, als wären sie gerade auf einer wilden Wiese gepflückt worden. Die Gestecke sind locker und luftig gebunden, die einfallenden Sonnenstrahlen bringen jede Blüte zum Leuchten.

»Es gibt schrecklich traurig und es gibt schön traurig«, sage ich zu den Kindern, »heute wird es schön traurig.« Sie nicken ebenso wie Clara und meine Mutter, die mit uns auf der Bank sitzen.

»Vielleicht hat die Pastorin recht, und das Schlimmste haben wir schon hinter uns«, fügt Clara hinzu. »Die heutigen Bilder werden zu schönen Erinnerungen.«

»Für die anderen wird es sehr schwer werden«, meinte Clara vor ein paar Tagen, »die meisten kannten Maxi wegen Corona ja gar nicht, weil sie uns nicht besuchen konnten. Viele werden bei der Beerdigung das erste Mal voll mit diesem Schicksalsschlag konfrontiert. Vielleicht können wir es ihnen leichter machen, wenn wir nicht allzu schwere Musik aussuchen.«

Also haben wir Musik gewählt, die hoffentlich ein Gleichgewicht schafft zwischen tiefer Trauer und Zuversicht, und für alle Gäste Handwärmer für die Mantel- und Hosentaschen besorgt, die vor der Kirche in Weidenkörben vor sich hin dampfen. Ich schaue zum Eingang, wo bereits Freunde und Familie versammelt sind. Sie treten aber noch nicht

ein, weil ich Frau Seemann gesagt habe, dass wir, bis die Beerdigung losgeht, gern für uns sein möchten.
Schritte nähern sich auf dem Gang zwischen den Bänken. Ich drehe mich um und Frau Seemann lächelt mich an. »Wie würden den Sarg nun reinbringen, wenn Sie bereit sind.«
Ich nicke und bin erleichtert, dass die Kinder den Sarg heute nicht zum ersten Mal sehen. Das alles ist schon schwer genug, da müssen sie nicht auch noch einen Schlag fürs Leben bekommen. Dieser Gedanke katapultiert mich abrupt in meine eigene Kindheit zurück. Zur Beerdigung meines Vaters durften wir Kinder nicht mit. Alle Aufmerksamkeit lag auf unserer Mutter, damit sie diesen Gang irgendwie bewältigen konnte. »Heute würde ich es anders machen«, sagte sie vor ein paar Tagen. Ich weiß genau, was sie meint. Wir Kinder kamen immer an erster Stelle, aber an dem Tag der Beerdigung musste sie die Sorge gehabt haben, im entscheidenden Moment nicht für uns da sein zu können. Wie sehr ich sie verstehen kann.
Die Bestatter tragen den Sarg mit leisen Schritten herein und setzen ihn behutsam ab. Ich kann meinen Blick kaum abwenden, zwinge mich aber dann dazu und schaue zu den anderen, um zu sehen, wie es ihnen geht. Mit trauriger Gewissheit betrachten sie den kleinen Sarg aus Eichenholz. Die Endlichkeit des Lebens könnte augenscheinlicher nicht sein. Der wundervolle Blumenschmuck aus weißen, rosafarbenen und violetten Blüten wird auf dem Sarg befestigt und große Gebinde um ihn herum drapiert. Mit schmerzhafter Gewissheit schaue ich zu, wie von vielen helfenden Händen der letzte gemeinsame Weg vorbereitet wird.
Frau Seemann stellt Maxis Taufkerze in die Mitte des Altars und die von den Kindern gebastelten Kerzen jeweils links

und rechts daneben. Nach einem Kontrollblick kommt sie in ruhigen Schritten zu uns zurück und sagt: »Von unserer Seite wäre dann alles fertig.«

»Vielen Dank«, antworte ich und komme mir komisch dabei vor. In letzter Zeit lautet jeder zweite Satz von Clara und mir »Wir sind dankbar«, obwohl es sich in den Momenten oft gar nicht so anfühlt. Aber jetzt, mit Blick auf den wundervoll geschmückten Sarg, die »wie gewachsenen« Blumen, die Kerzen, vor allem aber, weil wir diesen Weg zusammen gestalten, spüre ich eine tiefe Dankbarkeit. Beim Einatmen habe ich Mühe, ein Schluchzen, wie es kleinen Kindern manchmal entfährt, nachdem sie bitterlich geweint haben, zu unterdrücken.

Wir stehen auf und gehen gemeinsam zum Sarg. Jeder von uns streicht mit den Fingern über das gemaserte Eichenholz. Ich wünschte, ich könnte mir einen Splitter ziehen, um die Erinnerung an die schöne Zeit mit Maxi zu bewahren. Da ist sie wieder, die bittere Erkenntnis, einen geliebten Menschen gehen lassen zu müssen.

»Lasst uns bis zum Beginn der Trauerfeier im Gemeindehaus warten«, schlage ich der Familie vor. Wir gehen zu der kleinen Tür hinter dem Altar, durch die sonst der Pastor kommt. Ich halte kurz an. Soll ich oder soll ich nicht?

»Geht schon mal vor, ich bin gleich da«, sage ich und taste in meiner Manteltasche nach dem Handy. Meine Großtante Agnes kommt mir in den Sinn, die für mich als Junge ebenso steinalt war wie ihr Ehemann Jann, ein holländischer Bauer. Als wir Tante Agnes das erste Mal, nachdem Jann gestorben war, besuchten, holte sie nach dem Mittagessen ein kleines Album aus ihrem Schlafzimmer, das stets mit einem Schlüssel verschlossen war.

»Was ist denn da drin?«, fragte ich skeptisch.

»Na, Bilder von Janns Beerdigung«, antwortete sie und reichte mir das Album. Ich blätterte durch die Seiten. Auf jeder Seite waren zwei Fotos eingeklebt, zwischen den Seiten milchig transparentes Papier. Ein ganzes Album nur über die Beerdigung? Die ersten Fotos zeigten den Sarg beim Bestatter, die nächsten diesen umrahmt von Kerzenständern und Blumen in der Kirche aufgebahrt. Ich blätterte weiter, bis endlich Menschen auf den Bildern zu sehen waren. Da, Onkel Norbert und seine Frau. Ah, und da die entfernte holländische Verwandtschaft, die immer so nett war, obwohl ich sie als Kind kaum verstehen konnte. Ich blätterte weiter. Die Trauergemeinde geht hinter dem Sarg zum Friedhof. Der Leichenschmaus in der Gastwirtschaft, wo es belegte Brote, Kaffee und Bier gab. Und am Schluss noch mal Fotos von dem mit Blumen bedeckten Grab. Ich schlug das Album zu.

»Warum hast du denn Fotos davon gemacht?«, fragte ich Tante Agnes, weil ich mir keinen Reim darauf machen konnte, was die Bilder bezwecken sollten und ob das überhaupt erlaubt war. Ich stellte mir die steinalte Tante Agnes vor, wie sie in der Kirche mit der Einwegkamera in der Hand nach vorn geht und eine Aufnahme macht, den Trauerzug anhält und eine Aufnahme macht, im Lokal vom Tisch wegtritt und eine Aufnahme macht und danach jedes Mal den Film mit dem Daumen an einem Rädchen zum nächsten Foto spult. Als der Sarg zu Grabe gelassen wurde, fing sie sich bestimmt einen bösen Blick vom Pfarrer ein, deswegen davon kein Foto.

Tante Agnes lachte verschmitzt. Sie wusste also sehr wohl, dass man das eigentlich nicht machen soll. Dann sagte sie: »Ich möchte den Tag in Erinnerung behalten und habe es Jann doch besonders schön gemacht.«

Das tue ich jetzt auch, ermutige ich mich. Ein Lächeln huscht über meine Lippen. Ich stelle mich einige Schritte entfernt vor den kleinen Sarg, gehe in die Knie und mache ein Foto. Wir haben es Maxi auch besonders schön gemacht. In Gedanken nehme ich meine alte, schon lange verstorbene Großtante in den Arm.

Im Gemeindehaus treffe ich auf die anderen. Mittlerweile ist auch die Pastorin da. Susanne Zingel hat sich ein weiteres Mal auf den Weg von Sylt nach Hamburg gemacht, um für uns da zu sein. Da ist es wieder, dieses warme Lächeln, das so viel Zuversicht ausstrahlt.

»Wisst ihr eigentlich, warum der Friedhof hinter der Kirche so schön bepflanzt ist?«, fragt sie die Kinder.

Achselzucken. Ich grübele und stelle fest, dass ich mir darüber auch noch nie Gedanken gemacht habe. Dann wird mir klar, dass das bestimmt ein Trick ist, um uns ein wenig abzulenken. Und er funktioniert, wie ich an den Gesichtern von Clara, meiner Mutter und den Kindern ablese.

»Na, damit es so schön ist wie im Paradies«, sagt Susanne und lacht herzlich, aber nicht zu laut.

Wie gut, dass die Steine, die uns allen gerade vom Herzen purzeln, keinen Lärm machen. Vielleicht kann ich ja sogar die Musik in der Kirche ein bisschen genießen.

Dann wendet sich Susanne an meine beiden Töchter: »Bevor wir gleich in die Kirche gehen, möchte ich euch noch eine Geschichte erzählen. Ich hatte mal eine Hochzeit bei uns in Keitum in der Kirche. Alles war wunderschön, es gab tollen Blumenschmuck, viele Gäste waren da, ein wundervoller Tag voller Freude und Glück.« Sie schaut in die Runde. »Und was machen viele Menschen, wenn sie überglücklich und so ergriffen von dem Moment sind?« Sie hält kurz inne. Die Mädchen schauen zu ihr wie gebannt. Sie

fährt fort: »Sie weinen. Nun hatte die Braut aber Angst davor zu weinen und kämpfte mit aller Kraft gegen die Tränen an. So sehr, dass sie ihre eigene Hochzeit nicht genießen konnte. Was glaubt ihr: Wie lange kann man denn überhaupt so richtig heftig weinen?« Schon wieder eine Knobelaufgabe, fragen sich die Kinder vermutlich gerade. Wo sind wir hier denn? Aber sie denken nach und Susanne hilft ihnen: »Weint man dann lang oder eher kurz?«
»Na ja, meistens eher kurz«, sagt eines der Mädchen.
»Genau, es dauert gar nicht so lange. Und danach geht alles viel besser. Also lieber einmal richtig kräftig weinen, eine halbe Minute oder vielleicht sogar drei Minuten, und danach ist das Herz leichter.«
Wir verlassen das Gemeindehaus und gehen, Susanne allen voran, zur Kirche. Ich halte die Kinder an den Händen und wünsche mir, ein Oktopus zu sein, um auch Clara und meine Mutter in den Arm nehmen zu können. Die Sonne nähert sich langsam dem Horizont und das Licht, das durch die Fenster fällt, ist noch wärmer geworden. Die Trauergäste sitzen bereits in den Bänken, es herrscht eine erdrückende Stille. In der vordersten Reihe angekommen, bin ich heilfroh, dass wir heute schon mal hier gesessen und den Sarg in all seiner Traurigkeit wie auch die Blumen in all ihrer Schönheit gesehen haben. Ich atme tief durch, streiche Clara über den Rücken. Wir lächeln uns an. Mit aller Kraft haben wir uns aufgerafft, überwunden und manchmal auch gequält, um diesen Moment schön zu gestalten. Und das haben wir geschafft. Das schön Traurige siegt hier und jetzt über das schrecklich Traurige.
Die ersten Worte von Susanne, die sie zu den Anwesenden spricht, bekomme ich nicht mit. Ich bin in Gedanken ganz, ganz weit weg bei Maxi. Als die ersten Töne der Orgel

erklingen, beginnt mein Körper sanft mit der Schwingung der Musik zu vibrieren. Der Sänger setzt ein, mit kraftvoller Stimme füllt er das Kirchenschiff. Ich fühle mich von der Musik getragen und atme tief durch, das erste Mal an diesem Tag.

Als Susanne fertig ist, gibt sie ein Zeichen und wie von Geisterhand öffnen sich die beiden Flügel der Kirchentür. Kalte Luft strömt herein. Meine Cousins, bei denen ich als Kind auf dem Bauernhof die Ferien verbrachte, schreiten den Gang entlang und stellen sich, nachdem sie sich bekreuzigt haben, jeweils zu zweit neben den Sarg.

»Dieses Kind wird nicht auf einer Karre zum Friedhof geschoben, und wenn ich es selbst trage«, hatte ich zu Clara vor der Beerdigung gesagt und den ältesten der vier Cousins angerufen.

»Könnt ihr Maxi auf ihrem letzten Weg tragen?«

»Johnny, selbstverständlich«, war seine Antwort. »Du musst dich um nichts kümmern. Wir bringen sie den ganzen Weg von der Kirche bis zum Grab.«

Behutsam und zugleich beherzt nehmen die vier Jungs den Sarg hoch, wenden und bewegen sich in kleinen Schritten zur Kirchentür.

»An der Straße müssen Sie kurz warten«, hatte mir der Friedhofsverwalter morgens erklärt, als ich noch einmal am Grab war, um zu sehen, ob alles vorbereitet ist, und mit meinem Patenonkel zu besprechen, wo am Grab er Trompete spielen kann. »Die Polizei muss ja die ganze Straße sperren, wenn Sie gesammelt das Stück zum Friedhof gehen wollen.«

In seiner Neonjacke und mit der Kelle in der Hand, die gefühlt schon seit Urzeiten für die Regelung des Verkehrs zum Einsatz kommt, macht der Polizist den Autofahrern

unmissverständlich klar, dass hier jetzt für einen Moment der Verkehr zum Erliegen kommt. Zeitgleich werden auch die Autos ein ganzes Stück weiter auf der Gegenfahrbahn von einem Polizisten angehalten.
Der Trauerzug setzt sich in Bewegung. Es ist still. Die kalte Winterluft verschluckt die Schritte auf dem Asphalt. Die Sonne berührt schon fast die Baumwipfel, leuchtet aber gnädig, nur wärmen tut sie nicht mehr. Auf der sonst stark befahrenen Straße ist es still. Wir nähern uns dem Friedhofstor, wo der zweite Polizist den Gegenverkehr regelt. Der groß gewachsene Mann stellt sich, als er uns kommen sieht, noch ein Stück aufrechter hin, als er es eh schon tut. Der motorisierten Schlange hinter ihm den Rücken zugedreht und mit seitlich ausgestreckten Armen wirkt er fast wie ein Schutzengel. Das zweite Fahrzeug in der Reihe der Wartenden ist ein großer Lkw, das Führerhäuschen, in dem ein Kreuz mit Neonlichtern blinkt, ragt weit über den davorstehenden Wagen hinaus. Die gefalteten Hände des Fahrers ruhen andächtig auf dem Lenkrad, als sei es die Lehne einer Kirchenbank. Dass ein völlig fremder Mensch Anteil nimmt, gibt mir auf wundersame Weise Kraft für die nächsten Schritte. Ich kann nämlich das große Eingangstor schon sehen und fürchte mich fast ein wenig davor, gleich keinen Asphalt, sondern den Sand des Friedhofsweges unter den Füßen zu spüren. Ein unwiderrufliches Zeichen dafür, dass wir dem Moment näher kommen, in dem wir uns endgültig von Maxi verabschieden müssen.
Als wir uns der Grabstelle nähern, erklingt die Trompete meines Patenonkels. Die kraftvollen und dennoch zarten Töne schweben uns entgegen. Clara legt ihren Arm um mich. Sie geht aufrecht und gefasst neben mir. In ihren

Augen sehe ich all das Leid, aber auch die Entschlossenheit, den letzten gemeinsamen Weg so zu meistern, dass wir uns irgendwann einmal nicht mehr mit unendlich schmerzendem, sondern warmen Herzens an diesen Tag erinnern. Ich muss an Susannes Rat denken: »Wenn ihr am Grab seid, dann schaut nicht nur nach unten, sondern auch einmal nach oben. Dorthin, wo eure Maxi ist, im Himmel.«

Ein Herz für Kinder

5. Dezember 2020

»Ich glaube, wir haben alles. Und wenn nicht, dann eben nicht«, sage ich kraftlos, während ich mir den Autoschlüssel in die Hosentasche stecke. Die letzte Nacht war zwar immerhin ohne schwere Träume vergangen, aber so richtig schlafen konnte ich nicht. In Gedanken bin ich bei Maxis Beisetzung, immer wieder. Sie ist gerade einmal vierundzwanzig Stunden her. Ich erwarte vom Schlaf schon gar nicht mehr, dass er meine Akkus auflädt. Nach dem gestrigen Tag erst recht nicht.

Mit der einen Hand reibe ich mir die Augen, mit der anderen stütze ich mich auf die Kommode in unserem Flur. Zum Absagen der Veranstaltung fehlt der Antrieb, dann fahre ich halt hin. Die Kraft muss jetzt einfach für die Autofahrt nach Berlin reichen. Auch Clara wirkt müde und in ihren Gedanken weit weg.

Bei unserer Ankunft im Hotel beschwert sich ein Gast an der Rezeption, dass er eine Maske tragen müsse. Ich wünschte, das wären meine Probleme, und bin fast ein wenig neidisch auf die Kraft, mit der sich dieser Mann dem völlig sinnlosen Thema widmet. Setz das Ding doch einfach auf, rufe ich ihm in Gedanken zu.

»Sie holt dich dann gleich ab?«, frage ich Clara im Hotelzimmer, einem sachlichen Raum ohne Seele. Ich will sichergehen, dass sie den Abend nicht alleine verbringen muss. Eine Freundin, die in Berlin wohnt, hat angeboten, sich zusammen mit ihr die Sendung im Fernsehen anzuschauen, in der ich gegen Ende auftreten soll, »Ein Herz für Kinder«, eine Liveübertragung im ZDF, die Millionen Menschen verfolgen.

Ich blicke auf die Uhr. Der Fahrer wird jede Minute da sein.

Im Wagen hinten sitzend, lehne ich meinen Kopf zurück und schließe die Augen. Vielleicht fährt er ja einfach einen großen Umweg und ich kann mich noch ein bisschen ausruhen. Tatsächlich nicke ich weg und werde von dem Ruck wach, als der Wagen anhält. Der Parkplatz, die Eingänge des Studios und die Flächen davor sind hell erleuchtet. Überall herrscht reges Treiben: Das Sicherheitspersonal macht Checks, Menschen steigen aus dunklen Limousinen und Fans warten darauf, ein Foto mit ihren Lieblingsstars zu knipsen oder ein Autogramm zu ergattern.

»Gibt es einen Hintereingang?«, frage ich den Fahrer. Der Wagen setzt sich wieder in Bewegung und bringt mich an eine kleine Seitentür, an der außer zwei Mitarbeitern einer Securityfirma niemand steht. Beim Reingehen werde ich mit einem Ausweis für den Abend ausgestattet und von einer Mitarbeiterin zu meiner Garderobe gebracht.

Es klopft an der Tür und eine andere Mitarbeiterin steckt den Kopf herein: »Ich würde Sie jetzt eben mit runter zur Probe nehmen«, sagt sie und wartet auf meine Antwort. Ich nicke und folge ihr langsam. Ein paar Menschen, die ich selbst nur aus dem Fernsehen kenne, schauen mich an. Manche bekunden ihr Beileid, andere wollen etwas sagen, merken aber, dass es vielleicht nicht der richtige Moment ist. In dem großen Fernsehstudio angekommen, empfängt mich das Dröhnen der Lautsprecher. Ich höre die Stimme von Johannes B. Kerner, der zusammen mit Barbara Schöneberger durch den Abend führen wird.
»Warten Sie doch bitte kurz hier«, sagt die Mitarbeiterin und zeigt auf einen imaginären Punkt auf dem Boden. Na gut, denke ich und stelle mich genau auf den Punkt. Mit leerem Blick schaue ich zur Bühne, ohne mich von der Stelle zu bewegen. Auf einmal taucht Maxis Gesicht auf den riesigen Leinwänden am hinteren Ende der Bühne auf. Es ist das Foto, auf dem sie auf meiner Brust liegt. Mir stockt der Atem. Jetzt kommen die Bilder aus dem Film, den ein Kamerateam vor ein paar Wochen bei uns zu Hause drehte. Hatten wir nicht gesagt, dass die Bilder bei der Probe extra nicht eingespielt werden sollen, um mich zumindest ein wenig zu schonen? Das macht auch keinen Unterschied mehr. Ich spüre den Boden unter meinen Füßen nicht mehr. Das schaffe ich nicht, hämmert es in meinem Kopf.
Die Stimme des Moderators ist auf einmal weit weg, wie durch Watte gedämpft. Ich kann Maxis Wärme auf der Brust spüren und die leisen Töne hören, die sie während des Drehs von sich gab, als hätte sie gemerkt, dass die Kamera auf sie gerichtet war. Am Tag danach verstummte sie, öffnete die Augen nicht mehr und war weit weg.

»Wenn Sie bitte einmal mitkommen würden«, sagt die Mitarbeiterin, die auf einmal vor mir steht, ohne dass ich es gemerkt habe, und führt mich zur Bühne. Johannes B. Kerner begrüßt mich und spricht sein Beileid aus. Es folgen ein paar Anweisungen, die ich abnicke, ohne wirklich zuzuhören. Das Studio, alle Geräusche, das Licht rücken immer weiter in die Ferne. Ich spüre einen unangenehmen Druck in den Ohren und eine lähmende Spannung im Nacken. Endlich bedeutet mir die Mitarbeiterin, dass die Probe vorüber ist.

Einige Zeit später sitze ich live zusammen mit dem Leiter des Kindertumorzentrums Heidelberg auf der Bühne. Zusammen mit Millionen von Zuschauern sehe ich Maxi in dem kurzen Film und erzähle, dass die Spendergelder so wichtig sind, um diese Art von Erkrankungen zu bekämpfen. Ich bedanke mich, gehe von der Bühne ab und lasse mich kurze Zeit später in den Rücksitz der dunklen Limousine fallen.

»Du hast das richtig gut gemacht. Es war wichtig für all die Kinder … und für Maxi«, sagt Clara, als wir uns im Hotelzimmer umarmen.

»Schlimmer, als dort zu sein, wäre es gewesen, nicht hinzufahren«, antworte ich, »aber ich bin trotzdem froh, dass ich es hinter mir habe.«

Wir legen uns noch in unseren Abendoutfits aufs Bett und schlafen bei voller Zimmerbeleuchtung ein.

Am nächsten Morgen checke ich auf dem Handy, welche Spendensumme für hilfsbedürftige und leidende Kinder am gestrigen Abend zusammengekommen ist: Es sind über 25 Millionen Euro.

Der Rat der Weisen

Mitte Dezember 2020

Ich liege im Bett und finde nicht zur Ruhe. Das kenne ich, denn der Schlaf war noch nie besonders gut zu mir. Ich erinnere mich noch heute an die Albträume, die mich als Junge nachts aus dem Schlaf gerissen haben. Als wir Maxi zu Hause pflegten, war an Schlaf eigentlich gar nicht mehr zu denken. Ich wollte, solange ich konnte, über dieses kleine wundervolle Mädchen wachen. War die Müdigkeit gegen halb vier nachts nicht mehr wegzudrängen, machte ich mich bettfertig, legte mich hin und lauschte jedem einzelnen ihrer oft unruhigen Atemzüge. Häufig musste ich aufstehen, um den Schleim in ihren Atemwegen abzusaugen. Danach legte ich mich ins Bett und Maxi auf meinen Bauch, bis ihre Atmung regelmäßiger und weniger angestrengt wurde. Ich bewegte mich keinen Zentimeter, um sie so wenig wie möglich in ihrem Schlaf zu stören. Nach einigen Stunden des starren Liegens wurden die Rückenschmerzen immer schlimmer und waren irgendwann kaum noch auszuhalten. Der Mensch muss sich im Schlaf bewegen, ansonsten verspannt alles. Ich hörte meinen Rücken regelrecht schreien: Dreh dich endlich auf die Seite, sonst werden wir hier keine Freunde mehr. Der Schlafmangel war mir irgendwann anzusehen und ließ sich, wie eine Maskenbildnerin einmal bei einem Talkshowauftritt während der Zeit sagte, kaum noch wegschminken.

Seit Maxi nicht mehr bei uns ist, hat sich mein Schlaf noch verschlechtert. Jemand hat mir einmal erzählt, dass er immer wieder von seiner verstorbenen Mutter träumt und

sich lange mit ihr unterhält. Die Träume sind seine Gelegenheit, noch einmal zusammen zu sein. Solche Träume habe ich nicht, leider. Ich schrecke nachts hoch, weil ich glaube, Maxi zu hören. Danach kann ich nicht mehr einschlafen und lenke mich mit Lesen, Kartenspielen oder Netflix & Co. ab. Genau in dem Moment, wenn ich mich dazu durchringe, endlich das Licht auszumachen, komme ich ins Grübeln: Hätte ich früher auf eine Bildgebung bestehen müssen? War wirklich jedes Absaugen und jeder Katheter notwendig gewesen? Oder habe ich ihr damit unnötige Schmerzen zugefügt? Mit jedem Gedanken rückt der Schlaf in weitere Ferne. Je öfter sich meine Gedanken im Kreis drehen, desto mehr setzen sie sich wie ein Nagel im Reifen fest. Bis dann irgendwann die Luft raus ist.
Ich wälze mich im Bett umher. Was würde ich mir jetzt selbst als Arzt empfehlen? Was tun andere in solchen Momenten? Kaum habe ich diese Fragen gedacht, kommt eine Erinnerung hoch. Als ich in der Psychiatrie meinen Patienten dabei zur Seite stehen durfte, ihr Leben wieder in geordnete Bahnen und ihr Inneres wieder in ein Gleichgewicht zu bringen, empfand ich oft das Bedürfnis, Danke zu sagen, weil es mir vorkam, als würde ich mehr von ihnen lernen als sie von mir. Auch wenn ich all die Methoden in- und auswendig kenne, die man gegen Alkoholsucht, Depressionen oder eben Schlafstörungen anwendet und sie an diese Menschen auf unserer Station weitergab, zeigten erst sie mir, was sie in ihrer ganz individuellen und realen Situation daraus machten. Das beeindruckte mich nicht nur, es half mir auch zu verstehen, was bei wem gut wirkt.
Mit geschlossenen Augen im Bett liegend, denke ich an die Patientinnen und Patienten, die mir besonders im Ge-

dächtnis geblieben sind, und rufe sie zu einer Art Rat der Weisen zusammen. Ich stelle mir vor, wie sie in einem für die Psychiatrie und Selbsthilfegruppen typischen Stuhlkreis sitzen. Dieses Mal aber nicht angespannt, den Blick auf den Boden gerichtet und um Worte ringend, sondern auf mich schauend. Ihr Blick ist freundlich und professionell, so wie ich sie wahrscheinlich immer angesehen habe, wenn wir zu unseren Gesprächen zusammenkamen. In ihren Augen lese ich die Gewissheit, dass sie weder werten noch urteilen. Sie wirken voller Zuversicht, dass wir gemeinsam den richtigen Weg für mich finden und alles, was in der Vergangenheit passiert ist, irgendwie seinen Sinn hat.

Wie in einem Film sehe ich eine frühere Patientin vor mir, die davon berichtet, wie ihr ein Traumtagebuch geholfen hat, ihre unbewussten Gedanken und Gefühle zu verstehen. Dann erzählt der Soldat, den ich einmal behandelte, wie er seine kreisenden Gedanken mit einem Stoppschild, das man aus dem Straßenverkehr kennt, erfolgreich angehalten und umgeleitet hat. Ein älterer Mann, mit dem ich mich auf Station oft unterhielt, meldet sich zu Wort: »Ich verbringe mit den Menschen, die nicht mehr da sind und die ich so sehr vermisse, in Gedanken besonders schöne Momente. Dann treten die Vorwürfe, die ich mir manchmal mache, weil ich mich ihnen gegenüber in der Vergangenheit falsch verhalten habe, in den Hintergrund. Manchmal verschwinden sie sogar.«

Langsam verblasst die Gesprächsrunde. Ich mache die Augen auf. Was hat der Mann noch gesagt? Er verbringt Zeit mit den Menschen, die nicht mehr sind, die er aber vermisst? So einen Moment könnte ich ja mit Maxi auch finden. Aber wie soll das gehen? Ich überlege hin und her.

Maxi und ich haben nur so wenig Lebenszeit miteinander verbringen dürfen und gerade tut es zu weh, mir vorzustellen, wie wir zusammen schwimmen oder im Garten spielen. Doch auch wenn mich der Schlaf in dieser Nacht nur kurze Zeit finden mag, durchströmt mich bei dem Gedanken, mit Maxi einen schönen Moment zu haben, Vorfreude und eine wohlige Wärme.

Kinderlachen

Weihnachten 2020

Ich gehe den langen Flur unserer Altbauwohnung entlang und checke in Gedanken die nie endende To-do-Liste. Normalerweise verfluche ich die Berge von zu erledigenden Aufgaben, aber gerade bin ich froh über alles, was ich zu tun habe. Nichts ist zu nervig oder zu anstrengend, Hauptsache, Ablenkung. Plötzlich höre ich kaum wahrnehmbar ein Glucksen, das reflexartig Glücksgefühle in meinem Körper freisetzt und in der nächsten Sekunde das Blut in meinen Adern gefrieren lässt. Ich bleibe stehen und lausche. Bilde ich mir das ein oder höre ich das tatsächlich? Da ist es wieder! Unverkennbar. Maxis Lachen. Vorsichtig setze ich auf den Holzdielen einen Fuß vor den anderen, um herauszufinden, woher das Glucksen kommt. In mir kommt Panik auf. Werde ich jetzt verrückt? Ich weiß, dass Maxi nicht mehr da ist, aber es ist ihr Lachen. Was, wenn sie doch ... Ich traue mich gar nicht, den Gedanken zu Ende zu spinnen. Zu oft habe ich mir vorgestellt, aufzuwachen und festzustellen: Das war alles nur ein böser Traum.

Ich gehe weiter, leise. Meine Schritte führen mich zum Schlafzimmer. Da höre ich es wieder. Ganz deutlich. Mittlerweile ist das Lachen zu einem fröhlichen Grunzen geworden. Ich atme tief durch und stecke zaghaft den Kopf ins Zimmer. Clara liegt im Bett, sanft beleuchtet von der kleinen Lampe, die wir abends immer anmachen. In den Händen hält sie ihr Handy, das Licht des Displays spiegelt sich bläulich auf ihrem Gesicht. Sie sieht mich nicht, weil sie wie gebannt auf den kleinen Bildschirm schaut. Dort läuft die Schweinchenshow, die ich im Frühsommer für Maxi vor unserem Haus aufgeführt hatte. Wieder höre ich das fröhliche Grunzen. Ein Lächeln umspielt Claras Lippen, während ihr eine Träne über die Wange läuft. Wie schafft sie das nur? Ich kann kaum ein Foto von Maxi anschauen, der Schmerz ist einfach unerträglich. Ich möchte Clara nicht erschrecken, mich aber auch nicht einfach davonstehlen. »Na?«, sage ich leise. Clara kann den Blick nur schwer vom Display heben. Sie drückt auf Pause und schaut mich schließlich an.
»Entschuldige, ich dachte, du bist noch im Bad.« Sie legt das Handy weg, denn sie weiß, wie schwer mir der Anblick von Maxi fällt.
»Nein, nein, lass es ruhig an«, sage ich und lege mich neben sie ins Bett.
Claras Blick geht zurück auf das Display, wo uns Maxi mit ihren großen Augen strahlend anschaut. »Es ist einfach das schönste Lachen der Welt.«
»Mach es noch einmal an.« Ich lege meinen Kopf neben ihren, damit ich auch gut sehen kann.
Gemeinsam verbringen wir einen Moment mit unserer wunderschönen kleinen Tochter, auch wenn sie nicht mehr bei uns ist. Der Schmerz zerreißt mich fast. Doch ganz zart

spüre ich eine sanfte, liebliche Wehmut, die mein Herz wärmt, wie die ersten Sonnenstrahlen nach einem langen kalten Winter. »Ich hoffe so sehr, dass der Schmerz eines Tages von den schönen Erinnerungen verdrängt wird.« Mein Blick bleibt an dem Bildschirm hängen, auch wenn das Video schon längst vorbei ist.

»Das werden sie«, sagt Clara mit ihrer bewundernswerten Zuversicht.

Ihr Lieben,

nun ist schon einige Zeit vergangen, seit wir Euch hier viel geschrieben und Maxi gemeinsam mit Euch auf ihrem letzten Weg begleitet haben. Wir gehen regelmäßig zum Friedhof und denken an die Worte von Pastorin Zingel, dass man es den Lieben, die man dort beisetzt, paradiesisch schön machen möchte. Uns erwartete dort heute eine zauberhafte Winterlandschaft, alles weiß bedeckt, einige Wege ohne auch nur einen Fußabdruck, und die wundervoll gedämpfte Ruhe, wie sie einem nur Schnee zu schenken vermag. Da Maxi den Schnee nicht erleben durfte, vermuten wir, dass sie uns die Flocken geschickt hat. Wir haben daraus einen kleinen Schneemann für sie gebaut. Er ist auch eine Art Wächter, der nun die Tür dieser Gruppe in ein paar Tagen schließt. Es hat uns stets Halt gegeben, Euch bei uns zu wissen, und das wird auch weiterhin so sein. Aber diese Gruppe umzugestalten mit neuem Namen und neuem Bild, fühlt sich nicht so schön an, wie wir es uns wünschen würden. Wir bleiben ja auch einzeln in Kontakt, in der Hoffnung, dass die Zeit gnädig ist und mehr schöne als schmerzvolle Bilder in unseren Herzen zulässt.

WhatsApp | 30. Januar 2021, 19:12 Uhr

Im Garten mit Maxi

Februar 2021

Clara schläft neben mir. Der Hund schnarcht in seinem Körbchen im Flur vor sich hin. Nur ich kann mal wieder nicht in den Schlaf finden, weil meine Gedanken immer wieder schwer werden. Im Kopf spiele ich wiederholt verschiedenste Momente durch, wo ich vielleicht etwas anders, besser hätte machen können. Ich schaue auf den Wecker: drei Uhr zwanzig. Du musst irgendwie schlafen, verordne ich mir in einer Mischung aus Entnervung, Wut und Verzweiflung. Noch eine Runde Doppelkopf auf dem Handy spielen, noch einmal das Buch, das auf dem Nachttisch liegt, aufschlagen oder eine Runde durch die Wohnung laufen kommt nicht mehr infrage. Das hat alles schon zwei Mal nicht funktioniert. Halb vier Uhr morgens ist keine gute Zeit, um Grübeleien anzustellen. Das hat jetzt mal Pause.
Der Rat der Weisen kommt mir in den Sinn. Dann treffen Maxi und ich uns jetzt in der Traumwelt, an einem Ort,

der uns Ruhe und Geborgenheit schenkt. Was könnte das für ein Ort sein? Ich suche nach Bildern wie in einem alten Fotoalbum. Die Erinnerung an einen Spaziergang in der Natur schiebt sich in mein Bewusstsein. Im Frühsommer spazierte ich mit Maxi mal über eine Wiese und sie entdeckte mit ihren Kulleraugen die Pflanzen, berührte mit ihren kleinen Händen die Blätter, Blumen und das Gras. Auf einmal taucht vor meinem geistigen Auge ein kleines altes Haus auf, mit unebenen Holzdielen, weißen Türen und einem kleinen Wintergarten, dessen Türen offen stehen. Von draußen lässt die Sonne die weißen Vorhänge erstrahlen, die der Wind sanft in die Zimmer drückt. Ich stehe mit Maxi in der Küche. Die kleine Maus sitzt auf meinem Arm und schmiegt sich an mich. Sie trägt ihren kuscheligsten Body und ich eine sommerliche Hose und eines meiner weißen Hemden. Barfuß gehe ich mit ihr über die warmen, fast weichen Holzdielen, um zum Wintergarten zu gelangen. Die bemalten Fliesen dort kühlen meine Füße ein wenig, bevor wir durch die Tür in den Garten treten. Der Rasen ist saftig grün und dicht, meine nackten Zehen versinken darin. Die Sonne steht hoch am Himmel. Sie blendet uns nicht, aber wir spüren das leichte Prickeln der Strahlen auf der Haut, während eine angenehm kühlende Brise mit unseren Haaren spielt.

Der Garten ist riesig und so dicht bepflanzt, dass man an vielen Stellen die schöne Mauer drum herum, gebaut aus vielen Reihen alter Steine, gar nicht sehen kann. Dieser Garten ist unser kleines Paradies. Und die hohe Mauer gibt uns die Sicherheit, dass uns niemand stört. Wir nehmen einen kleinen Weg, der von blühenden Büschen gesäumt ist und den ein kleiner Bach begleitet, der weiter weg in

einen kleinen See mündet. In einiger Entfernung gibt es zwar eine Brücke, aber es wird Maxi bestimmt Freude bereiten, wenn ich mit ihr durch das seichte Wasser wate. Als ich das kalte Wasser an meinen Füßen spüre, gehe ich in die Hocke und halte ihre kleine Hand in den Bach. Mit fasziniertem Blick folgt Maxi dem Lauf des Baches. Ich schaue nach oben, während ihre Hand im Wasser plätschert. Ein paar weiße Wolken ziehen am Himmel vorüber und nehmen all unsere Sorgen mit. Wir gehen ans andere Ufer, wo wir einen Teich mit goldschimmernden Fischen und quakende Enten entdecken. Maxi lacht aus vollem Hals bei ihrem Anblick. Schließlich treten wir durch eine versteckte Pforte auf ein großes Feld mit duftenden Wildblumen, an denen Maxi schnuppert. In der Mitte des Feldes steht eine große Eiche. Dort setzen wir uns hin, lehnen uns an den Stamm, den Blick in die Ferne gerichtet.
Der Gedanke, mein Kind so nah bei mir haben zu können, tut unendlich gut und zugleich schmerzt er so sehr. Meine Augen füllen sich mit Tränen, aber sie fließen zu lassen, fällt mir unendlich schwer. Ich mache die Augen zu und während ich zurück in den Garten gehe, schlafe ich ein.

2 + 1 = 4

März 2021

»Na, dann holen wir die 40 Strampler wohl wieder raus«, sage ich lachend zu Clara. Es ist eindeutig: Sie ist schwanger. Ein Schwangerschaftstest reichte uns nicht, deshalb

war ich losgelaufen und hatte, zu Claras Belustigung, gleich mehrere Tests besorgt. Alle positiv. Um auch den letzten Hauch eines Zweifels zu beseitigen, war sie heute Morgen bei ihrem Frauenarzt, von dem sie gerade eben mit strahlendem Gesicht zurückgekommen ist.
Wir stehen im Wohnzimmer vor der ehemaligen Wickelkommode und dem großen Schrank, in den wir all die Sachen von Maxi verstaut hatten, von den kuscheligen Bodys, in denen sie so süß aussah, bis zu den Kleidchen, die vergeblich darauf warteten, getragen zu werden.
»Wir können ja mal die Strampler rausholen«, sagt Clara, »mal sehen, wie sich das anfühlt.«
Ja, mal sehen, denke ich und öffne die Schranktür, die wir seit letztem Jahr nicht mehr aufgemacht haben. Ihre Sachen wieder anzufassen, dafür fehlte uns bisher die Kraft. Dass wir sie nun mit einer so guten Nachricht erneut in die Hand nehmen, das hätte ich nicht gedacht.
Ich ziehe eines von Maxis Strickjäckchen heraus und halte es an mein Gesicht. Die Wolle ist ganz weich. Vorsichtig schnuppere ich daran und drücke schließlich mein Gesicht in die kleine Jacke. Sie riecht noch nach ihr. In meinem Herzen wechseln sich Traurigkeit, weil ich dieses kleine Mädchen unendlich vermisse, und überbordende Freude auf ein neues Leben ab. Nie hätte ich gedacht, dass man diese beiden Gefühle gleichzeitig spüren kann. Aber es geht, es fühlt sich nach Leben an.
Ich überschlage im Kopf, wann das neue kleine Leben entstanden ist. Wenn Clara jetzt in der x-ten Woche schwanger ist, dann ... Ich lasse die Strickjacke nach unten sinken und schaue erst ungläubig in den Schrank, dann zu Clara. »Die beiden haben sich ja die Klinke in die Hand gegeben.«

Claras Blick zeigt mir, dass sie das schon längst für sich festgestellt hat. Sie lächelt mich an. Ich fühle mich ein wenig ertappt, weil ich erst so spät darauf gekommen bin. »Vielleicht hat Maxis Seele ja der Seele des neuen Kindes erst noch alles hier gezeigt, bevor sie weitergezogen ist.«
»Eine schöne Vorstellung«, antworte ich und nehme Clara in den Arm. Meine Güte, bin ich aufgeregt. Das ist doch alles so nah beieinander. Ich brabble vor mich hin: »Vielleicht nennen wir es erst mal Mini-Two, also nicht Mini-Eins, sondern Mini-Zwei ... Mini-Two, das klingt wie aus einem Wildwestroman und auch ein bisschen nach Winnie Puuh, dem Disneybären ...« Da kommen mir die Worte der Palliativärztin in den Kopf: »In Afrika wären Sie schon wieder schwanger.« Scheinbar nicht nur in Afrika.
Ohne dass ich dagegen ankomme, nistet sich der Wunsch nach einer heilen Welt in mir ein. Es gibt aber keine heile Welt, so wie es auch kein Bilderbuchleben und keine perfekte Familie ohne Sorgen und Leid gibt. Ich weiß, dass uns mögliche zukünftige Schicksalsschläge nicht erspart bleiben werden, nur weil uns schon etwas Schlimmes widerfahren ist.
Das Leben mag uns Schicksalsschläge zuteilen, aber es bestimmt nicht, wie wir damit umgehen. Selbst wenn die Faust des Universums erneut zuschlägt, bin ich vorbereitet und bleibe aufrecht stehen. Das Universum hat in Clara und mir einen starken Gegner. Maxi hat uns gezeigt, dass es schrecklich traurig und schön traurig gibt und dass heilende Momente genauso wertvoll sind wie heile Momente.
Ich drücke das Strickjäckchen noch einmal an die Nase. Wie sehr habe ich es geliebt, Maxi in den Schlaf zu singen.

Während sich in meinem Kopf Bilder formen, wie es wohl sein wird, wieder ein Baby in den Schlaf singen zu dürfen, merke ich, wir sind mittendrin. Mittendrin im Leben. Nur die Lieder, die ich für Maxi gesungen habe, muss ich noch mal üben, nicht dass ich wie ein kleines Schweinchen klinge. Aber das wäre auch o. k.

Impressum

GRÄFE
UND
UNZER

ISBN 978-3-8338-8104-6
1. Auflage 2021

Dieses Buch entstand unter Mitarbeit von Stephanie Ehrenschwendner.

Projektleitung:
Christof Klocker
Bildredaktion:
Nele Schneidewind
Umschlaggestaltung:
Sabine Krohberger,
ki36, München
Herstellung: Markus Plötz
Satz: Uhl + Massopust, Aalen
Reproduktion:
Ludwig Media, Zell am See
Druck und Bindung:
Livonia, Riga

Bildnachweis

Cover: Robert Grischek, Hamburg

Umwelthinweis

Nachhaltigkeit ist uns sehr wichtig. Der Rohstoff Papier ist in der Buchproduktion hierfür von entscheidender Bedeutung. Daher ist dieses Buch auf PEFC-zertifiziertem Papier gedruckt. PEFC garantiert, dass ökologische, soziale und ökonomische Aspekte in der Verarbeitungskette unabhängig überwacht werden und lückenlos nachvollziehbar sind.

Die GU-Homepage finden Sie unter www.gu.de